예수님의 꿈아이

예 꿈

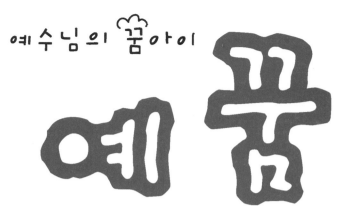

유치부 교사용

주제: 하나님을 사랑하고 순종할래요

I Love and Obey God

KB200458

두란노

Originally pubished in the USA
LiFE(Living in Faith Everyday)

Preschool & Kindergarten
Copyrights 2001 by CRC Publications
Grand Rapids, Michigan 49560
Korean translation copyright 2004 by Duranno Press
38, 65-gil, Seobinggo, Yongsan-Gu, Seoul, Korea

예꿈C(5-7세) 유치부 교사용

초판 발행 | 2006. 9. 30
개정2판 4쇄 발행 | 2023. 5. 16
등록번호 | 제1988-000080호
등록된 곳 | 서울시 용산구 서빙고로 65길 38
발 행 처 | 사단법인 두란노서원
영업부 | 2078-3352 FAX 080-749-3705
출판부 | 2078-3331
일러스트 | 박민정 이향순 이승애 정소은
표지 일러스트 | 강복숭
표지 및 편집디자인 | 한자영
기획 및 편집 | 예꿈 편집부
연 구 원 | 김정순 권교화 고진쥬 강정현 고은님 김윤미 김지연 김한승 이은정 이은연 이향순 진명선 한인숙

두란노서원은 바울 사도가 3차 전도여행 때 에베소에서 성령 받은 제자들을 따로 세워 하나님의 말씀으로 양육하던 장소입니다. 사도행전 19장 8~20절의 정신에 따라 첫째 목회자를 돕는 사역과 평신도를 훈련시키는 사역, 둘째 세계선교(TIM)와 문서선교 (단행본·잡지) 사역, 셋째 예수문화 및 경배와 찬양 사역, 그리고 가정·상담 사역 등을 감당하고 있습니다. 1980년 12월 22일에 창립된 두란노서원은 주님 오실 때까지 이 사역들을 계속할 것입니다.

유치부 교사용

I Love and Obey God

예 꿈 둘러보기

➡ 이 과를 준비하는 선생님께

이 과의 성경 이야기를 이해하는 데 도움이 되는 본문의 신학적 배경과 중심 개념을 설명합니다. 이것을 통하여 선생님은 본문을 깊이 이해하고 그것을 어린이들에게 적절히 표현할 수 있도록 도움 받을 수 있을 것입니다. 또한 어린이뿐 아니라 선생님 자신의 삶에서도 깊이 있는 묵상이 이루어지도록 이끌 것입니다.

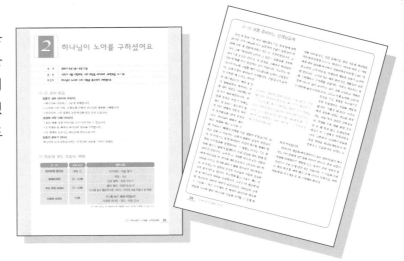

⬇ 반가워요

교회 가는 것이 기쁘고 즐거운 경험이 될 수 있도록 어린이들을 환영합니다.

➡ 마음 열기

그날의 말씀을 잘 이해하도록 도움을 주는 활동입니다.

➡ 성경 봉독

교사용 교재의 성경 본문은 《우리말 성경》(두란노서원)을 사용하였습니다.

⬇ 들어가기

성경 이야기를 들려주기 전 주의를 집중하도록 돕습니다(도입).

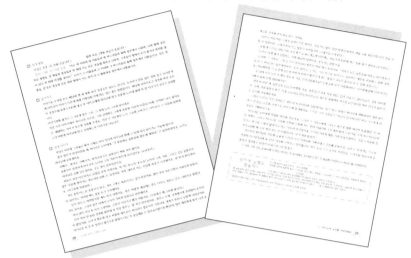

➡ 이야기 나누기

하나님의 말씀을 다시 한 번 생각하며 이해하고 마음으로 느껴 보도록 하는 질문입니다.

⬅ 다함께 모여요

동적인 활동을 통해 오늘의 주제를 체험합니다.

➡ 마음에 새겨요

오늘 배운 말씀을 삶 속에서 적용하는 데 도움을 주는 질문입니다.

질문을 통한 성경 공부의 의의

질문은 어떤 지식에 있어서 인간의 사고를 이용하여 창의적 답변을 이끌고 자신의 생각을 피력할 수 있는 언어적 도구입니다. 또한 이것은 쌍방간 커뮤니케이션의 방법이며 좋은 질문은 인간의 사고의 깊이를 더하고, 스스로 판단할 수 있도록 하여 자신의 생각과 행동에 책임을 질 수 있도록 해 줍니다.

예를 들어 성경 공부에 있어서 질문의 형식을 빌면 수동적으로 지식을 알게 되는 것을 벗어나 능동적으로 진리를 탐구하게 됩니다. 또한 질문을 통해 여러 측면을 함께 생각하며 하나님을 만나게 됩니다. 즉, 질문은 균형 잡힌 신앙생활의 지름길이 될 수 있습니다.

1. 성경 공부를 위한 질문들

성경 공부를 위한 질문은 도입 질문, 관찰 질문, 해석 질문, 적용 질문의 4단계로 볼 수 있습니다. 특히 관찰 질문은 아이들이 말씀을 주의 깊게 관찰할 수 있도록 해 주며, 해석 질문은 말씀을 분석하게 해 주며, 적용 질문은 관찰과 해석을 통해 자신의 삶에 말씀을 적용할 수 있게 해 준다는 특성을 가집니다. 이제 네 가지 질문에 대해 더 자세히 알아보도록 합시다.

1) 도입 질문 : 자연스럽게 성경 공부를 시작할 수 있도록 도와줍니다.
- 도입 질문은 어색한 분위기를 부드럽게 하는 질문입니다.
- 소그룹 성경 공부 시 처음 생기는 긴장을 풀 수 있도록 도와줍니다.
- 주로 일상생활 중 오늘 배울 주제와 근접한 내용을 가지고 질문하게 되기 때문에 성경 지식이 없는 사람들도 대답하는 데 두려움을 느끼지 않게 해 줍니다.
- 답변 내용이 주로 개인의 경험, 의견 및 아이디어이기 때문에 인도자는 그룹원들을 조금씩 이해할 수 있습니다.

2) 사실 / 관찰 질문 : 성경 구절이 무엇을 말하는지 파악할 수 있도록 도와줍니다.
- 관찰 질문을 통해 성경 공부에 참여하는 사람들은 말씀을 주의 깊게 관찰할 수 있습니다.
- 관찰 질문은 정보의 기초이며, 다음 단계 토론으로 들어가는 징검다리의 역할을 합니다.
- 성경 배경 지식이 없어도 본문만 보고 듣고 대답할 수 있는 질문입니다.
- 성경 본문의 "누가, 무엇을, 언제, 어디서, 어떻게"를 집중해서 관찰합니다.
- 관찰 질문을 통해 언급된 내용을 시간 순서대로 열거할 수 있습니다.
- 관찰 질문을 통해 반복, 또는 대조되는 단어나 표현을 열거할 수 있습니다.

3) **해석 질문** : 성경 구절이 무엇을 의미하는지 파악할 수 있도록 도와줍니다.
   - 성경 공부자 자신이 본문 속의 등장인물이 되어 생각하고 느껴 볼 수 있도록 합니다.
   - 사실 이해와 명확한 토론을 도와줍니다.
   - 성경 구절의 분석력을 높여 줍니다.
   - "이 말씀은 무슨 뜻인가?"를 파악하게 합니다.
   - "이 말씀의 요점은 무엇인가?"를 파악하게 합니다.
   - "이 말씀에서 유사점은 무엇이고 차이점은 무엇인가?"를 파악하게 합니다.
   - "이 말씀에서 원인은 무엇이며 결과는 무엇인가?"를 파악하게 합니다.
   - 말씀 속 등장인물의 심정을 헤아려 보게 합니다.

4) **적용 질문** : 이 말씀이 내게 어떤 의미가 있는지 파악할 수 있도록 도와줍니다.
   - 적용은 성경 공부의 궁극적인 목적입니다.
   - 하나님께서는 단지 우리에게 알려 주시는 것만이 아닙니다. 우리가 말씀을 통해 변화되기를 원하십니다.
   - 삶을 변화시키는 적용은 정확한 관찰과 올바른 해석에서 나옵니다.
   - "본문의 하나님께서는 어떤 분인가?"를 파악하게 합니다.
   - "본문의 하나님께서는 나와 어떤 관계가 있는가?"를 파악하게 합니다.
   - "하나님께서는 오늘 나의 인격과 삶이 어떻게 변화되기를 원하시는가?"를 파악하게 합니다.
   - "본문의 그 때와 현재 사이에 유사성이 있는가?"를 파악하게 합니다.
   - "특정 시간에 제한 받지 않는 원리가 있는가?"를 파악하게 합니다.
   - "우리 삶이 변화되기 위해 어떤 대가를 치러야 하는가?"를 생각하고 결단하게 합니다.

2. 질문 시 조심해야 할 것들
1) 질문을 하면 학습자들에게서는 다양한 반응이 나타날 것입니다. 이러한 반응들에 대해 직접적인 멘트보다는 인정과 격려로 편안한 대화 분위기를 만들도록 합니다.
2) 개방형 질문을 함으로 "예", "아니오"라는 단답형 대답이 나오지 않도록 합니다.
3) 소그룹원에 맞는 깊이의 질문을 하는 것이 중요합니다.
4) 테스트가 아니라 토론입니다. 인도자는 답을 증명하는 식으로 인도하지 않도록 합니다.
5) 질문은 간단하게 하며, 한 번에 한 가지씩 합니다.
6) 서로 대화가 이루어지도록 주의합니다.
7) 인도자는 큰 그림을 잊지 않고, 세부사항에 늘 주의를 기울여야 합니다.

3. 질문 만들기의 예
이제 요나서 1장을 가지고 성경 공부에서 사용할 수 있는 질문을 만들어 보도록 합시다.

1) **도입 질문**
   - 우리 친구들! 잘못을 하고 숨어 본 적이 있나요?

– 어디에 숨어 있었나요?

2) 관찰 질문

– 요나의 아버지 이름은 무엇이죠?
– 요나는 어디에서 잠이 들었나요?
– 바다의 풍랑은 어떻게 그쳤나요?

3) 해석 질문

– 왜 요나는 하나님 말씀에 순종하지 않았을까요?
– 풍랑이 일고 파도가 요동할 때 요나의 마음을 어땠을까요?
– 본문 말씀은 무엇을 말하고 있나요?

4) 적용 질문

– 친구가 제비에 뽑혔다면 어떤 기분이 들까요?
– 본문에 나타난 하나님께서는 어떤 분인가요?
– 본문에 나타난 하나님께서는 나에게 어떤 분인가요?
– 나도 하나님의 말씀에 불순종한 것이 있었나요?

4. 《예꿈》에서의 질문 활용

《예꿈》에서 활용하는 질문들은 아이들로 하여금 성경이 말하는 바를 스스로 발견하도록 도와줍니다. 여러 종류의 질문을 통해서 아이들에게 무엇을 믿어야 할지 강요하지 않고, 아이들 스스로가 메시지를 발견하며, 자신의 깨달음을 삶에 능동적으로 적용하도록 노력하고 있습니다. 아이들은 질문에 능동적으로 답하는 것을 통해 자신의 생각과 행동에 책임을 지게 됩니다.

위에 소개된 성경 공부를 돕는 질문은 《예꿈》에서는 이렇게 활용됩니다.

– "유치부에 왔어요"의 반가워요, 마음열기 : 도입 질문의 성격을 갖는 활동
– "우리 반에 모여요"의 이야기 나누기 : 관찰 질문, 해석 질문, 적용 질문
– "다함께 모여요"의 마음에 새겨요 : 종합 질문

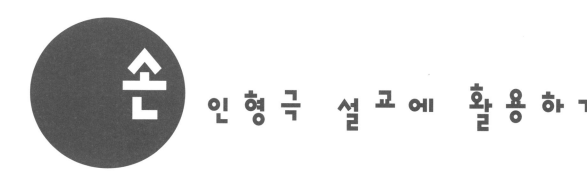

인형극 설교에 활용하기

인형극을 효과적으로 사용하면 어린이들에게 보다 실감나게 감동을 전할 수 있습니다. 인형극에는 막대 인형이나, 마리오네트(줄 인형), 손 인형(퍼펫인형), 손가락 인형 등 여러 인형이 사용됩니다. 손 인형극 설교는 인적 자원이 부족한 상황에서도 쉽게 효과적으로 사용할 수 있습니다.

1. 손 인형극에 적합한 내용
- 스토리가 복잡하지 않고 단순할 경우
- 등장인물이 적을 경우
- 인물의 감정 변화를 중점적으로 표현해야 할 경우

2. 손 인형극 무대 준비하기
- 책상에 테이블보 등을 씌워 무대를 준비합니다.(뒤에서 인형을 움직이는 사람이 앉을 공간을 확보합니다.)
- 배경이 꼭 필요한 경우 PPT화면을 이용하면 편리합니다. (빔프로젝터는 조명으로도 활용할 수 있습니다.)

3. 주의 사항
- 사전에 인형이 어린이들에게 노출되지 않도록 주의합니다.
- 사전에 반드시 움직임을 연습하고 무대의 높이를 확인하여 아이들 눈높이에서 인형이 잘 보이는지 점검합니다.
- 대사와 움직임이 일치하도록 연습합니다.
- 배경 음악 준비나 대사 녹음에 대한 과도한 부담으로 인형극을 기피하기 보다는 형편에 맞게 간단하게 활용하기를 권합니다.

4. 1인 손 인형극
- 물을 반(1/2) 정도 채운 pet병에 인형을 끼워 세우면 손에 인형을 끼우지 않고서도 혼자서 인형극을 진행할 수 있습니다.
- 무대 뒤에 서서 인형을 움직이며 이야기를 진행합니다.(다리 부분은 어린이들 눈에 보이지 않도록 무대로 가리면 좋습니다. 어린이들은 인형극에 집중을 잘 하는 편이어서 인형을 움직이는 손놀림이나 사람이 보이는 것에 지나치게 신경 쓰지 않아도 됩니다.)

노아는 하나님께 순종했어요

성 경	창세기 6 – 7장
암 송	너희가 나를 사랑하면 나의 계명을 지키리라. (요한복음 14 : 15)
포인트	노아는 방주를 지으라는 하나님의 명령에 순종했습니다.

◉ 이 과의 목표

믿음의 성숙 (교사와 어린이)

• 하나님을 사랑하고 그 분께 순종합니다.

• 행하기 어려운 하나님의 명령에도 순종한 노아의 믿음을 통해 깨달음을 얻습니다.

• 노아 가족과 동물들을 구하신 하나님의 계획에 기뻐합니다.

성경에 대한 이해 (어린이)

• 오늘 배운 성경 이야기를 다시 말해볼 수 있습니다.

• 노아가 어떻게 하나님께 순종했는지 말할 수 있습니다.

• 왜 하나님이 홍수를 보내셨는지 말할 수 있습니다.

• 사람들이 불순종했을 때 하나님이 어떻게 느끼시는지 말할 수 있습니다.

믿음의 본보기 (교사)

하나님께 순종하기를 원하는 선생님의 마음을 표현하세요.

◉ 한눈에 보는 오늘의 예배

순 서	소요시간	활동계획
유치부에 왔어요	예배 전	반가워요 · 마음 열기
예배드려요	35 – 40분	찬양 · 기도 성경 봉독 · 성경 이야기
우리 반에 모여요	15 – 20분	출석 확인 · 이야기나누기 소그룹 놀이 활동(반가면 만들기 / 동물모양 만들기 중 택일)
다함께 모여요	10분	대그룹 놀이 활동(방주 타는 놀이) 마음에 새겨요 · 광고 · 마침 인사

＊ 위의 순서는 각 교회학교의 사정에 따라 다르게 진행될 수 있습니다.

▣ 이 과를 준비하는 선생님들께

이번 학기의 주제는 "하나님을 사랑하고 그분께 순종하기"입니다. 어린이들은 이번 학기 동안 사랑으로 비롯된 순종을 배우게 됩니다. 순종은 가슴으로부터 나오는 것으로 순종하고자 하는 사람에 대한 사랑으로 비롯됩니다. 이러한 순종은 하나님을 기쁘시게 하고자 하는 진정한 소망에서 나오는 것으로, 어떠한 형식적 순종보다 낫습니다. 이것은 "자신의 삶의 모든 부분에서 그분을 기쁘시게 하기 위해 노력하는 것"으로, 어린이들이 하나님의 뜻대로 행하는 것을 배우기 위해 알아야할 과정입니다. 사랑으로 비롯된 순종은 좋은 부모 자녀관계가 그렇듯 하나님과 우리 사이의 소통을 전제로 하고 있습니다. 선생님 자신이 하나님과 대화하는 방식이나 태도를 아이들에게 보여주셨으면 합니다. 어린이들이 예수님은 사랑하고 그분께 순종하는 것을 배우려면 우리 주 하나님이 아이들의 삶 속에 살아 움직이는 존재가 되어야 합니다. 이번 학기에는 구약 이야기 중 하나님께 사랑의 순종을 드렸던 인물들을 그 예로 제시하고자 합니다. 노아와 라합, 기드온, 엘리야, 요나와 다니엘 등 하나님께 순종한 이들은 모두 맹목적으로 율법을 좇은 것이 아니라 하나님을 사랑하고 경외하는 마음에서 그렇게 했습니다.

창세기의 노아 이야기는 인간이 사는 곳을 재난의 땅으로 묘사하면서 시작됩니다. 인간들은 하나님의 율법에 개의치 않고 자신을 '하나님의 아들들'로 생각하기 시작했습니다. 그들은 자기들이 좋아하는 모든 자로 아내를 삼았습니다(창 6: 2). 그들은 자만하고 무례한 백성이 되어 무분별하게 살육을 행했습니다.

하나님이 "정말 잘못됐어. 이건 실패한 실험 같아"라

면서 그저 하늘에 앉아 계시지 않았음에 주목하세요. 하나님은 대신 한탄하사 마음에 근심하셨다(창 6:6)고 되어 있습니다. 아이들에게 우리의 죄악이 하나님을 화나게 할 뿐 아니라 슬프게 한다는 사실을 설명해 주어야 합니다. 하나님은 온 땅에 가득 퍼진 죄악을 묵과하실 수 없습니다. 그것은 하나님의 본성에 어긋나기 때문입니다.

창세기 6장을 보면 노아만은 하나님으로부터 은혜를 입었습니다. 마지막 남은 의인인 노아는 다른 사람들과는 확연하게 구분되는 생활을 한 의롭고 정직한 인물로, 하나님께 사랑으로 비롯된 순종을 다 하였습니다. 노아를 통해 우리는 선하든 악하든 하나님은 우리의 행동이나 삶의 방식에 무관심하지 않다는 것을 알 수 있습니다.

하나님은 노아에게 할 일을 가르쳐 주셨는데, 그것은 다른 사람들이 보기에는 정말 멍청하기 짝이 없는 일이었습니다. 메마른 광야 한가운데 노아 가족뿐 아니라 온갖 동물들이 한 쌍씩 들어가 살 만한 커다란 방주를 짓는 일이었습니다.

노아는 어떻게 주위의 멸시와 조롱을 참아내면서 이렇게 순종하기 어려운 일에 착수할 용기를 얻고 하나님께 순종할 수 있었을까요? 어떻게 노아는 "하나님이 자기에게 명하신 대로"(창 6:22) 행할 수 있었을까요? 히브리서 11장 7절에 보면 "믿음으로" 했다고 합니다. 노아는 하나님의 말씀을 믿었습니다. 그는 하나님을 믿었기 때문에 순종했고 믿음, 소망, 사랑은 언제나 함께 연결되어 있습니다(고전 13장:13).

노아와 그의 가족들이 방주에 들어가면서 하나님께서 보내신 동물들도 함께 들어오게 하자 "여호와께서 그들을 닫아 넣으셨다."(창 7:16)고 합니다. 그리고 비가 끊임

노아는 어떻게 주위의 멸시와 조롱을 참아내면서 이렇게 순종하기 어려운 일에 착수할 용기를 얻고 하나님께 순종할 수 있었을까요? 어떻게 노아는 "하나님이 자기에게 명하신 대로"(창 6:22) 행할 수 있었을까요? 히브리서 11장 7절에 보면 "믿음으로" 했다고 합니다. 노아는 하나님의 말씀을 믿었습니다. 그는 하나님을 믿었기 때문에 순종했고 믿음, 소망, 사랑은 언제나 함께 연결되어 있습니다(고전 13장:13).

없이 내리자 세상은 하나님이 궁창 아래의 물과 궁창 위의 물로 나누시기 전, 혼돈의 상태로 돌아간 듯했습니다. 모든 생물 중 노아와 그 가족들, 그리고 그들과 함께 한 동물들만이 살아남을 수 있었습니다(물론 바다에 사는 생물들은 살아남았겠지요).

이 이야기는 절망과 희망, 심판과 은혜, 죽음과 삶의 메시지를 함께 전하고 있습니다. 오늘 이야기는 재미있는 이야기가 아니라 심각한 이야기입니다. 이것은 하나님의 은혜와 사랑에 관한 이야기이기도 합니다. 여기에 대해서는 다음 주에 더 깊이 있게 다루어질 것입니다. 노아는 하나님으로부터 은혜를 입었습니다. 우리 역시 예수님의 거룩한 희생으로 하나님으로부터 은혜를 입었습니다. 그것이 바로 노아 이야기에 담겨있는 놀라운 메시지입니다.

유치부에 왔어요

▶ **반가워요**

아이들이 도착하면 따뜻하게 맞으며 날씨에 대해 물어 봅니다.

"○○아! 어서 와. 교회에 올 때 덥지 않았니? 일주일 동안 재미있게 지냈지? ……

▶ **마음 열기**

아이들이 오는 대로 이름을 불러주며 하나님을 만나러 온 아이들을 기쁘게 맞아 주세요. 배를 그리거나 노아나 창조이야기책을 읽도록 안내하세요. 그 시간동안 아이들과 자연스럽게 오늘 성경이야기의 주인공인 노아에 대해 이야기합니다.

1. 배 그리기 : 여러 가지 모양의 배 그림과 색연필, 사인펜 등을 비치해 두고 원하는 것을 골라 색칠할 수 있도록 합니다.

2. 독서 코너 : 창조이야기나 노아에 관련된 그림책을 몇 권 비치해 두고 자유롭게 볼 수 있도록 합니다.

예배 드려요

▶ **찬 양**

• 순종하며 살아요 (ⓖ)

윙윙윙	벌-들은-	신나게	꿀-먹고-
맴맴맴	매미들은-	힘차게	노래하네-
우리교회-	어-린이-	주님말씀	배우고---
아멘아멘	순종하며-	순종하며	살아요

• 사랑하며 살래요 (ⓓ) - '순종'으로 바꾸어 부르기

- 나와 같은 어린아이도 (ⓒ) – '순종하는 일' 나도 할 수 있어요~
- 하나님을 사랑한 사람들 (ⓒ) – 1절

➡ 기 도

하나님 아버지! 우리가 말씀을 배우고 순종하기 위해 이 자리에 모였어요. 하나님께 예배 드릴 때 참 기뻐요. 예수님 이름으로 기도합니다. 아멘

➡ 성경 봉독

이것은 성경. (두 손을 모읍니다.)　　　　　활짝 펴요. (책을 펴듯이 펼칩니다.)

창세기 7장 1절, 7장 5절 말씀.　여호와께서 노아에게 말씀하셨습니다. "너와 네 모든 가족은 방주로 들어가거라. 이 세대 가운데 네가 내 앞에서 의로운 사람인 것을 내가 보았다.……" / 노아는 여호와께서 명하신 대로 했습니다.

➡ 들어가기

순종에 대해 이야기를 나누십시오. 누군가 순종의 의미를 정확하게 알고 있다면 크게 칭찬하되, 다른 이야기를 해도 웃으며 들어주고 아이들의 생각을 인정해 주십시오. 다음에 각 반 선생님이 똑같은 질문을 해서, 누가 순종의 의미를 알고 있는 지 알아볼 것이라고 하십시오. 그리고 모두 눈을 감으라고 하고, 크고 훌륭하고 힘 있는 하나님이 우리 각자를 사랑하는 것에 감사한다는 짧은 기도를 드리십시오.

선생님, 잠깐만요!

순종이란 단어를 아이들에게 설명하기 어려우시죠? 예를 들어 설명해 보세요.
"네 그렇게 하겠습니다."
"네, 엄마"
"네, 아빠"
"네, 하나님"

➡ 성경 이야기

(성경에서 창세기 6장을 펴고)노아에 대한 이야기를 시작합니다.

옛날 옛적에 하나님을 무척 슬프게 하는 일이 일어났어요.

하나님이 창조하신 아름다운 세상이 하나님을 사랑하지도 순종하지도 않는 사람들로 가득 찬 거예요. 세상의 모든 사람들은 자신이 하나님께 속해 있다는 것을 잊어버리고 서로 미워하고 상처주기 시작했어요. 그래서 하나님은 화가 나고 무척 슬프셨어요.

그러나 하나님이 세상을 보실 때 아직도 하나님을 사랑하고 순종하는 사람이 있었어요. (이야기판 가운데 노아 그림을 붙인다.) 노아는 하나님을 사랑하고 하나님 말씀을 잘 들으며 언제나 하나님께 순종하려 했어요. 노아만은 하나님을 기쁘시게 했어요.

어느 날 하나님은 노아에게 말씀하셨어요. "노아야. 내가 만든 세상이 이제는 더 이상 아름답지도 훌륭하지도 않구나! 내가 만든 사람들이 나를 잊어버리고 순종하지도 않는단다. 노아야 커다란 배, 방주를 만들어라. 내가 큰 비를 내려 이 세상을 다 덮을 것이다. 그리고 그때 이 방주가 너와 너희 가족을 지켜줄 것이다." (노아 가족들 그림을 덧붙인다.)

그리고 하나님은 얼마나 길고 높고 넓은 방주를 만들어야할지 방주를 만드는 방법을 하나하나 가르쳐주셨어요.

하나님은 또 어디에 문을 달아야할지도 가르쳐주셨는데 굉장히 큰 문이었지요.

노아는 하나님이 말씀하신 대로 모두 했어요. 노아는 언제나 하나님께 순종하는 사람이었기 때문이지요.(방주 그림을 붙인다.)

이웃사람들한테는 그 커다란 방주가 얼마나 우스꽝스럽게 보였는지 상상할 수 있나요?

노아가 배를 만드는 동안 사람들은 비웃었을 거예요. "노아, 왜 산 위에 배를 만들고 있는 거야?" 라고 물었겠지요? 물도 없는데 왜 커다란 배를 만들겠어요? 그렇지만 노아는 하나님께 순종하고 배를 만들었어요.

결국 방주가 다 만들어졌을 때 하나님은 노아에게 모든 동물들을 종류대로 모으라고 하셨어요. 이 말씀에도 노아는 하나님께 순종했어요. (이야기판에 한 쌍의 동물 그림들을 차례차례 붙이면서 아이들에게 동물 이름을 묻는다.) 뚱뚱보 하마, 키다리 기린, 깡총 깡총 토끼, 어흥~ 호랑이, 소방수 코끼리, 커다란 사자와 자그만 새…

결국 모든 동물들이 안전하게 안으로 들어갔어요.(동물 그림을 모아 방주 위에 올려놓는다.) 이제 노아와 그 가족이 배에 오를 차례예요. (노아와 가족들을 출입구 안쪽에 놓는다.)

쾅! 하나님은 방주의 커다란 문을 닫으셨어요. (보여준다.) 모든 것이 준비되었지요.

하늘은 점점 어두워지고 구름은 점점 커졌어요. 똑! 똑! 후드득! 후드득! 우르릉 쾅쾅쾅!

노아와 그의 가족, 그리고 동물들은 방주 지붕 위로 떨어지는 빗소리를 들을 수 있었어요. 빗소리는 점점 커졌고, 엄청난 비가 쏟아졌어요. (비구름을 붙인다.)

작은 웅덩이가 커다란 웅덩이가 되고, 작은 시냇물이 굽이치는 강이 되었어요. 물이 점점 차오르면서 커다란 배는 둥둥 뜨기 시작했어요. 밤이 되었지만, 비는 계속 내렸어요. 풀도 나무도 집들도 모두 사라지고 세상은 물로 가득 찼어요. 그런데 거기에 방주만 둥둥 떠 있고, 그 안에 있는 노아 가족과 동물들은 안전했어요.

노아의 가족들과 동물들을 안전하게 보호하신 하나님을 찬양합니다.

※ 선택 설교 – 율동설교

하나님이 말씀하셨지. "노아야 방주를 만들어라!" (팔로 방주 모양을 만든다.)

그래서 노아는 매일 어두워질 때까지 일했어요. (망치질하는 모션)

그의 이웃들은 정말 바보 같은 일이라고 생각했어요. (웃는다. 하 하 하!)

이렇게 햇볕 쨍쨍한 날에 배를 만들다니! (팔로 해 모양을 만든다.)

그러나 노아는 그 일을 해야 한다는 것을 알았어요. (망치질하는 모션)

방주가 크고 튼튼해 질 때까지 (팔을 넓게 벌린다.)

그리고 그 일이 끝났을 때 (손을 머리 뒤에 대고 몸을 뒤로 젖힌다.)

동물들이 왔어요. 둘씩 둘씩. (손가락을 움직이면서 팔을 휘두른다.)

그들은 커다란 배 속으로 걸어 들어갔어요. (행진하는 포즈)

그리고 방주가 물에 뜨기를 기다렸지요. (돌처럼 움직이지 않고 똑바로 앉는다.)

그리고 쾅, 하나님은 문을 닫았어요. (함께 손뼉을 친 후 쾅!)

번개가 치고 비가 쏟아지기 시작했어요. (비오는 것처럼 손가락으로 똑똑 두드린다.)

여러 날 동안 비가 왔어요. (손가락 두드리기 계속)
그러나 노아와 동물들은 물에 빠지지 않았어요! (고개를 흔들면서 "아니예요")
그들은 안전했어요. 하나님이 돌봐주셨으니까요. (양팔을 감싸서 부드럽게 흔든다.)
"감사합니다. 하나님" 노아는 기도했어요. "아멘!" (모두 "아멘"이라고 한다.)

➡ 출석 확인
아이들이 자신의 출석표에 표시하도록 시간을 주십시오. (동물 스티커를 나눠주는 것도 좋은 방법입니다.)

➡ 이야기 나누기
하나님의 말씀을 다시 한 번 생각하며 이해하도록 돕는
질문들입니다.
이 질문들을 어린이들과 나누면서 어린이들 스스로 말씀을
생각하고 느끼게 합니다.

• 방주 안은 어떻게 생겼을까요?
• 여러분이 방주에 있었다면 어떤 느낌이 들었을까요?
• 빗소리는 어떻게 들렸을까요?
• 사람들은 노아가 산위에 배를 만드는 것을 보고 어떤 생
  각을 했을까요?
• 여러분들이 하나님께 순종하는 것이 어렵다고 느낀 적이 있다면 언제인가요?
• 하나님이 노아를 사랑한다는 사실을 어떻게 알았을까요?

➡ 소그룹 활동

1. 순종한 노아(방주 가방 만들기)

■ 활동목표 : 노아가 하나님께 순종한 것을 압니다.
■ 준비물 : 교회학교용 교재 3~6쪽, 투명테이프, 가위, 리본테이프
■ 활동방법 : 1) 교회학교용 교재 3~6쪽의 방주 그림을 떼어 밑면을 붙여 가방을
                완성합니다.
             2) 4쪽 노아 그림으로 끈 인형을 만들어 방주에 붙입니다.
             3) 노아가 방주의 안과 밖으로 다니며 방주를 만들거나 동물을 돌보며
                하나님께 순종하는 이야기를 나눕니다.
         Tip : 방주의 크기나 방주 속 생활에 대한 이야기를 들려주면 좋습니다.

 하나님께 순종해요!

2. 칼라믹스로 동물 모양 만들기

■ 활동목표 : 동물들을 만들어 보며 하나님의 사랑을 압니다.

■ 준비물 : 칼라믹스, 쿠키 틀

■ 활동방법 : 1) 칼라믹스로 동물을 만들어 봅니다.

　　　　　　 2) 동물 모양의 쿠키 틀이 있다면 그것을 이용해서 동물모양을 만

들게 할 수 있습니다.

➡ 간식

동물 모양의 크래커를 한 통 가져와 아이들로 하여금 같은 동물을 둘씩 짝짓게 하고 둘씩 먹게 합니다.

노아가 왜 하나님께 순종했는지 아이들과 이야기를 나누는 것으로 성경공부를 마무리하세요.

왜 순종해야 할까? 　어린아이들은 보통 벌을 피하거나 다른 사람을 기쁘게 하기 위해 순종하는 것을 배웁니다. 그러나 이 학기동안 아이들은 **하나님의 백성은 그들을 돌보시는 하나님을 신뢰하고 사랑하기 때문에 그에게 순종해야 한다**고 배워야 합니다. 노아처럼 우리는 하나님을 사랑합니다. 우리는 하나님에 대한 사랑 때문에 그분께 순종합니다. 노아의 이웃과 같은 우리의 불순종은 하나님을 화나게 하고 매우 슬프게 한다는 사실을 아이들에게 일깨우십시오. 그러나 우리의 순종은 하나님을 기쁘시게 합니다.

하나님께 순종하는 것은 사랑하는 엄마와 아빠에게 순종하는 것과 아주 비슷하다고 아이들에게 말해주세요. 엄마와 아빠에게 어떻게 순종하는지 이야기하게 하세요.

구약의 하나님 　여러분 반의 아이들 중 구약 이야기에 익숙하지 않은 아이들이 있을 것입니다. 그들은 하나님이 어떤 분인지 정확히 모를 수도 있습니다. 하나님은 우리들이 사는 지구를 만들고 식물이나 동물, 사람같이 그 속에 있는 모든 것을 창조했다고 설명하십시오. 창조된 것들은 매우 훌륭하고 아름다웠는데 사람들이 하나님을 사랑하고 그분께 순종하는 것을 잊어버렸고, 그래서 노아와 그의 가족만 빼고 모두 벌 주기로 결심하셨다고 설명합니다.

 다함께 모여요

1. 방주 타는 놀이

1) 5~6개의 그룹으로 나눕니다. (반별)

2) ㉠노아와 가족 ㉡토끼 ㉢코끼리 ㉣원숭이 ㉤오리 ㉥거북이 등의 이름으로 각자 특징적인 몸짓과 울음소리를 연습하게 합니다. (㉠노아와 그 가족은 선생님들께서 맡으셔도 좋겠습니다. 이때 간단한 가면이나 이름표를 달면 더욱 효과적이겠지요.)

3) 진행자를 따라 움직이며 방을 돌다 방주 속으로 들어가게 하는데, 방주는 긴 천이나 끈으로 울타리처럼 둥글게 만들어 두고 ㉠

노아와 그 가족의 안내를 받아 방주 속으로 들어가도록 합니다. 아이들이 서로 부딪쳐 넘어지거나 하지 않도록 주의하면서 천천히 진행합니다. 시간이 되는 대로 이 놀이를 계속하다가 마지막에는 모두 방주 속에 들어가 꼭 끌어안은 채 문을 닫습니다.

4) 다함께 자리에 앉아 바닥에 손가락을 똑똑 두드려서 빗소리를 냅니다.
   느린 빗소리에서 점점 빨리. (음향 효과)

5) 동물들 소리도 내어봅니다. (입장했던 그룹별로) 만약 아이들 숫자가 많지 않으면 모두 함께 동물 흉내를 냅니다. 또 방주는 모두 들어갔을 때 꽉 죄게 느낄 정도로 작게 만드는 게 좋습니다. 방주 안에서는 윗부분에 천을 덮어(완전히 깜깜하지는 않게: 아이들에게는 너무 심한 공포가 될 수도 있습니다.) 방주 속의 느낌을 살려봅니다.

2. 서로 나누어 읽기

당신이 한 구절 하면 아이들이 다음 구절을 따라하도록 하면서 아이들을 교독에 참여시키십시오. 먼저 아이들이 자신이 말할 내용을 익히게 한 후 아이들이 말할 부분마다 노아 그림을 들어 표시하십시오. (선생님들께서 크게 호응해주셔야 흥이 나겠죠?)

교사: 하나님의 세계는 점점 더 악해졌어요.	아이들: 노아는 하나님께 순종했어요
교사: 하나님은 노아를 구원하실 거예요.	아이들: 노아는 하나님께 순종했어요
교사: "노아야. 방주를 만들거라!"	아이들: 노아는 하나님께 순종했어요
교사: "이제 동물들을 둘씩둘씩 데리고 오너라."	아이들: 노아는 하나님께 순종했어요
교사: "이제 배에 올라라. 나는 너를 돌볼 것이라."	아이들: 노아는 하나님께 순종했어요

3. 마음에 새겨요

회상하기 질문을 통해 아이들은 오늘 배운 성경 말씀을 삶 속에서 적용할 수 있도록 도움 받을 수 있답니다.

• 하나님은 왜 노아에게 방주를 만들라고 하셨나요?
• 노아는 왜 방주를 만들었나요?
• 하나님은 나에게 무엇을 순종하라고 하시나요?

기도) 사랑의 하나님, 하나님의 말씀에 언제나 순종한 노아 할아버지처럼 우리도 순종하는 아이가 되기를 원해요. 예수님의 이름으로 기도합니다. 아멘.

➡ 광 고

가정용 교재로 오늘 배운 성경 이야기를 집에서 복습하도록 광고해 주십시오.

4. 마침 인사

마치는 노래를 부르며 집으로 돌아갑니다.

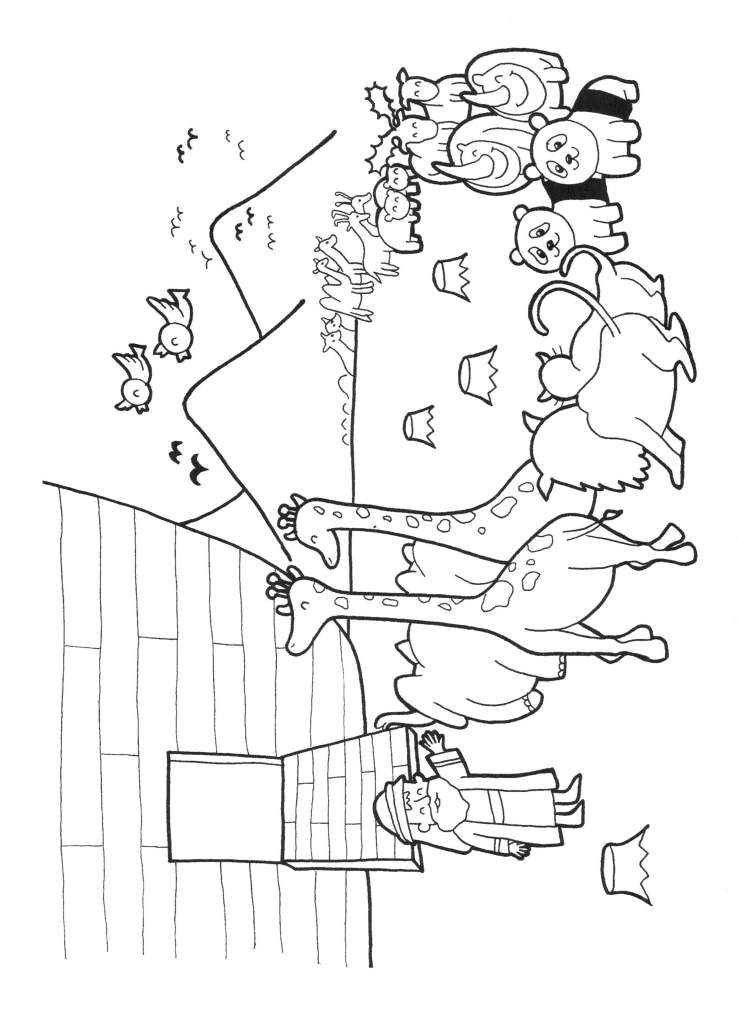

하나님이 노아를 구하셨어요

성 경	창세기 8장 1절~ 9장 17절
암 송	너희가 나를 사랑하면 나의 계명을 지키리라. (요한복음 14 : 15)
포인트	하나님이 노아와 그의 가족을 홍수에서 구하셨어요.

◙ 이 과의 목표

믿음의 성숙 (교사와 어린이)

• 하나님을 사랑하고 그분께 경배합니다.

• 노아와 그의 가족, 동물들을 구하신 하나님의 계획을 기뻐합니다.

• 하나님이 그의 세계를 보호하심을 알고 감사 드립니다.

성경에 대한 이해 (어린이)

• 오늘 배울 성경 이야기를 다시 이야기할 수 있습니다.

• 무지개를 볼 때마다 하나님의 약속을 기억합니다.

• 이 세계를 돌보시는 하나님께 감사드립니다.

믿음의 본보기 (교사)

하나님의 돌보심에 감사하는 선생님의 마음을 이야기 하세요.

◙ 한눈에 보는 오늘의 예배

순 서	소요시간	활동계획
유치부에 왔어요	예배 전	반가워요 · 마음 열기
예배드려요	35 – 40분	찬양 · 기도 성경 봉독 · 성경 이야기
우리 반에 모여요	15 – 20분	출석 확인 · 이야기나누기 소그룹 놀이 활동(무지개 그리기 / 무지개 모빌 만들기 중 택일)
다함께 모여요	10분	대그룹 놀이 활동(색깔놀이) 마음에 새겨요 · 광고 · 마침 인사

＊ 위의 순서는 각 교회학교의 사정에 따라 다르게 진행될 수 있습니다.

◙ 이 과를 준비하는 선생님들께

다섯 달 동안 꼬박 비가 내리면서 모든 것이 물에 잠겼습니다. 키가 1백m를 넘는 동물까지 수많은 동물들이 한곳에 갇힌 채 생활하기에는 너무 긴 기간이었습니다. 그러나 그때 "하나님이 노아와 그 모든… 동물들을 기억하셨다."(창 8:1)고 합니다. 이 구절은 그때까지 하나님이 이들에 대해 잊고 있었다는 뜻이 아닙니다. 그보다는 하나님이 이들을 구원할 때가 이르렀음을 뜻하는 구절입니다. 그래서 물이 줄어들기 시작합니다. 산봉우리가 보이기 시작할 때 노아는 까마귀를 내보냈습니다. 배를 집 삼아 왕래하면서 까마귀는 뭍을 찾아 다녔고, 다음에는 비둘기가 내보내졌습니다. 두 번째 돌아온 비둘기 입에는 새로 난 올리브 잎사귀가 물려 있어 땅에서 식물이 자라기 시작했음을 알려 주었습니다. 하나님이 배에서 내리라고 하셨을 때는 노아와 그의 가족들은 배에서 11개월 이상 생활한 후였습니다. 올리브 잎을 문 비둘기는 그래서 평화의 상징이 되었습니다. 이 이야기는 분명 하나님이 자신이 창조한 세계와 평화를 이루었음을 천명합니다. 그 평화는 다시는 모든 생물을 홍수로 멸하지 않겠다고 하신 신성한 약속 위에 만들어진 것입니다. 노아와 그 가족뿐 아니라 모든 생물들에게 하나님은 이 언약을 세우셨습니다. (창 9:9~10) 하나님은 다시는 이러한 홍수가 없을 것이라고 약속하십니다. 무지개는 이 언약의 증거로 하나님의 사랑과 신실하심의 증거이기도 합니다. 비구름을 뚫고 나오는 해는 심판 후 하나님의 자비를 상징합니다. 그것은 이 세상에 대한 하나님의 자비와 사랑의 표시입니다. 아이들이 실제로 그것을 느끼고 무지개를 볼 때마다 하나님의 약속과 세상과 그들을 향한 하나님의 사랑을 기억할 수 있게 최

하나님이 세상을 관리하신다는 오늘 말씀의 중심 메시지는 아이들에게 안도감을 주어야 합니다. 우리 인간이 세상을 파괴한다고 위협할 수는 있어도 우리 세계가 종국적으로 우리 손에 달린 것은 아닙니다. 그 사실을 우리는 매일 해가 뜰 때와 해가 질 때 다시금 되새기고, 특히 하늘에 뜬 무지개를 볼 때 기억해야 합니다.

선을 다하십시오. 이런 은혜로운 언약 가운데 하나님은 약속하십니다(창 9:1~7). 하나님은 아담과 하와 두 사람에게 내린 축복을 여기에서 되풀이하십니다(창 1:28). 이제 노아와 그의 아들들, 아내들이 새로운 인류의 조상이 될 것입니다. 그러나 창조 때와 달리 모든 생물들이 인간을 두려워하고 무서워할 것입니다. 그리고 처음으로 식물뿐 아니라 살아 움직이는 모든 것을 음식으로 취하라는 말씀을 듣습니다(창 9:3). 그리고 이제 노아와 그의 아들들은 모든 생명은 하나님으로부터 비롯된다는 사실을 깨닫게 됩니다. 그래서 하나님은 인간들에게 생명을 나르는 것으로 여겨지는 피를 먹지 말라고 금하십니다. 특별한 도축 법을 통해 고기를 피 째 먹지 않는 유대인들의 관습은 이 구절에서 비롯되었습니다. 그런데 이 구절에서 중요한 것은 생명은 하나님께로부터 비롯됨으로 존중받아야 한다는 도덕적 인식입니다.

하나님이 세상을 관리하신다는 오늘 말씀의 중심 메시지는 아이들에게 안도감을 주어야 합니다. 우리 인간이 세상을 파괴한다고 위협할 수는 있어도 우리 세계가 종국적으로 우리 손에 달린 것은 아닙니다. 그 사실을 우리는 매일 해가 뜰 때와 해가 질 때 다시금 되새기고, 특히 하늘에 뜬 무지개를 볼 때 기억해야 합니다.

유치부에 왔어요

➡ 반가워요

아이들이 오기 전 여러 가지 색의 실이나 리본을 교사의 손가락에 묶어 둡니다. 그리고 아이들을 활짝 웃으며 맞이한 후 교사 주변에 모이도록 합니다. 누군가 손가락에 있는 색실에 대해 물으면 웃으면서 "오늘 정말 중요한 이야기를 하려고 해요. 그것을 잊지 않으려고 묶어 두었어요."라고 말합니다.

선생님, 잠깐만요!

색실 대신 작은 무지개 스티커를 사용하는 것도 좋은 방법입니다. 이 스티커를 아이들이 금방 찾아낼 수 있도록 손등이나 옷 위에 붙이십시오.

➡ 마음 열기

다음의 재료를 활용해 아이들이 지난주에 들은 노아 이야기를 기억하도록 돕습니다.

1. 어린이 성경책과 '노아의 방주' 에 관한 이야기 책을 준비합니다.
2. 지난 주에 사용하던 이야기판이나 그림, 삼차원으로 만든 방주나 동물 인형, 교회 도서실에 있는 동물 책 등을 준비합니다.

 ## 예배 드려요

➡ 찬 양

- 아름다운 약속 (Ⓓ)

하나님의 약속은	아름다워요	일곱색깔 무지개
파란하늘 저편에	곱게 비치는	하나님 약속이죠
노아 할아버지	배를 만들고	세상사람들 비웃었지요
죄를 뉘우치고	예수 믿으면	누구나 구원얻죠

- 아이 참 좋아요 (Ⓓ)
- 나의 하나님 (Ⓓ)

➡ 기 도

하나님 아버지! 우리가 말씀을 배우고 순종하기 위해 이 자리에 모였어요. 하나님께 예배 드릴 때 참 기뻐요. 예수님 이름으로 기도합니다. 아멘

 기도하는 손, (손을 포개면서)

 잘 듣는 귀, (귀를 가리키며)

 초롱초롱한 눈으로 (눈 주위를 손가락으로 둥글게 그리며)

 하나님의 말씀을 들어요(양쪽 귀에 손을 대고)

➡️ 성경 봉독

이것은 성경. (두 손을 모읍니다.)　　　　　　활짝 펴요. (책을 펴듯이 펼칩니다.)

창세기 8장 16-19절 말씀. "너는 네 아내와 네 아들들과 네 며느리들과 함께 방주에서 나와라. 너와 함께 있던 모든 생명들, 곧 새들과 짐승들과 땅 위에 기는 모든 것들을 데리고 나와라. 그것들이 땅에서 수가 불어나 새끼를 많이 낳고 땅 위에 번성할 것이다." 노아가 그 아들들과 그 아내와 그 며느리들과 함께 방주에서 나왔습니다. 모든 생물들, 곧 모든 짐승과 모든 새와 땅에서 기는 것이 다 그 종류대로 방주에서 나왔습니다.

➡️ 들어가기

이야기용 모자를 쓰고 배낭을 멘 채 방을 돌아 성경공부 장소로 갑니다. 돗자리나 담요 같은 것을 깔고 둘러앉게 해 아이들이 이야기 시간에 대해 기대감을 갖게 하는 것도 좋은 방법입니다. 배낭을 들여다보고 성경을 꺼내 오늘의 성경구절(창세기 8장)을 펼친 후 아이들에게 하나님을 믿고 순종한 노아에 대해 더 할 이야기가 있다고 설명합니다.

이야기판을 펼치고 그 가운데 방주 그림, 그 옆에 노아 그림을 붙이세요.

지난 시간 이야기에서 하나님의 친구로, 그를 신뢰하고 그에게 순종한 사람의 이름(노아)을 기억하느냐고 물어보고, 대답하는 아이가 있으면 칭찬해 주세요. 지난 주 사용했던 노아 그림을 보여주고, 아이들이 그 이름을 말하면 그가 어떻게 하나님을 믿고 신뢰했는지 이야기를 나눕니다.

➡️ 성경 이야기

지난주 바닥에 그려놓은 배가 그대로 남아 있다면 아이들과 함께 그 안에 다시 들어가는 시늉을 합니다.

결국 방주가 완성되었을 때 하나님은 노아에게 "각 종류대로 동물들을 방주에 태워라."고 말씀하셨어요. 노아는 하나님께 순종했어요.

아빠곰 , 엄마곰, 아빠사자, 엄마사자 모든 동물들이 짝을 지어 왔어요.

동물들이 안전하게 들어가자 노아와 그의 가족이 방주에 들어갔어요. (보여준다.)

하나님은 문을 닫으셨어요. 모든 것이 준비되었지요.

하늘이 점점 어두워지고 구름은 점차 커졌어요. 똑! 똑! 후드득! 후드득! 노아와 그의 가족, 그리고 모든 동물들은 방주 지붕에 떨어지는 빗소리를 들을 수 있었어요. 똑똑 내리던 비는 무섭게 퍼붓기 시작했어요. 큰 비가 쏟아졌어요. (비구름을 덧붙인다.)

작은 웅덩이는 큰 웅덩이가 되고, 작은 시내는 회오리치는 강이 되었어요. 물이 점점 차오르면서 사람들과 동물들이 들어있는 커다란 배는 둥둥 뜨기 시작했어요.

낮이 밤으로 바뀌었지만 계속 비가 내렸어요. 방주 바깥의 세상에는 풀도 나무도 집들도 모두 사라지고 물만이 가득 찼어요. 그러나 방주 안에서 노아의 가족과 동물들은 안전했어요.

여러 날이 지난 후 비가 그쳤어요. 구름이 사라지고 해가 나왔지요. (구름대신 해 그림을 붙인다.)

다시 여러 날 동안 잔잔한 물위에 떠 있던 방주는 '쿵' 하고 멈추었어요. 방주는 이제 산꼭대기에 올라앉아 움직이지 않았어요. 노아가 창문을 열고 바깥을 내다보니 하나님이 창조하신 아름다운 세계가 또다시 눈앞에 나타났어요. 여러분은 비 온 후 얼마나 향기로운 냄새가 나는 지 상상해볼 수 있어요?(향기를 뿌린다) 땅이 깨끗하게 씻겨 나간 후 새로운 시작을 준비하고 있는 거예요.

노아는 비둘기를 보내서 살펴보기로 했어요. 비둘기는 왔다 갔다 하면서 배에서 내릴 곳을 찾았지만 아직 물로 가득 차 있었어요. 그래서 비둘기는 방주로 돌아왔어요.(그림으로 보여준다.)

며칠 후 노아는 비둘기를 다시 밖으로 내보냈는데 이번에는 비둘기가 부리에 작은 잎을 물고 왔어요.(보여준다.)

노아는 이제 물이 말랐다는 것을 확실히 알았어요. 웅덩이는 말랐어요.

노아와 그 가족들, 그리고 모든 동물들이 방주를 떠날 때가 되었어요. "가족과 모든 동물들을 데리고 방주에서 나오라"고 하나님이 말씀하셨어요. 문이 열리고, 노아는 그의 얼굴로 불어오는 신선하고 깨끗한 바람을 느꼈을 거예요.(가능하다면 그 순간에 신선한 바람이 불어오게 하거나 좋은 냄새가 나도록 효과를 줄 수 있을 것입니다.)

문 앞에 서서 노아가 제일 처음 본 것은 무엇이었을까요? 깊게 숨을 들이 마셨을까요? 마른땅에 발을 디디자마자 기뻐서 펄쩍 펄쩍 뛰었을까요?

방주를 떠날 때 동물들의 모습이 어땠을 까요. 동물들이 깡충 깡충 뛰고, 달려 나오고, 날아오르고, 컹컹 짖어대고, 음매, 야옹하면서 울고, 어흥 큰소리로 하나님이 만드신 새로운 세계에서 자기의 보금자리를 찾아 신나게 흩어지는 모습을 상상해보세요.

그러나 노아와 그의 가족들은 제일 먼저 하나님을 찬양했어요. 방주 바로 앞에서 하나님께 예배하면서 방주에서 여러 날 동안 그들을 지켜주신 하나님께 감사했어요. 노아와 그의 가족들이 "하나님 감사합니다."라고 기도하자 하나님은 기뻐하셨지요.

하나님은 노아에게 특별한 약속을 하셨어요. 노아와 그 가족들에게 "다시는 홍수로 땅을 파괴하지 않겠다."고 하신 거예요. 그리고 하나님은 그것을 기억하기 위해 하늘 위에 아름다운 무지개를 놓아 두셨어요. 무지개는 하나님이 다시는 홍수를 보내지 않겠다고 하는 약속의 표시였어요. 노아와 가족에 대한 사랑의 표시였어요. 그들이 하늘을 올려다보았을 때 보인 것이 바로 무지개랍니다. (무지개를 붙인다.)

하나님은 하나님의 말씀을 순종한 노아와 그의 가족들을 기뻐하셨고 구원해 주셨어요. 그리고 무지개는 우리를 사랑하시는 하나님의 또 다른 약속을 보여주는 것이랍니다. 여기 모인 우리 유치부 친구들도 노아처럼 하나님께 순종하고 칭찬받는 어린이가 되기를 기도할게요.

노아와 그의 가족, 동물들을 구하신 하나님, 참 감사해요. 하나님이 만드신 세상을 보호하시는 하나님을 찬양합니다.

방주에 공룡도 탔을까?

방주에 들어간 동물들의 수 : 총 17,600쌍
방주에 들어간 동물의 종류 – 오늘날 살고 있는 포유류 : 3,500종 / 조류: 8,600종, 파충류와 양서류: 5,500종
각각 쌍으로 계산을 하면 35,200마리의 동물을 실었을 것으로 추측됩니다.

이 동물들의 평균 크기는 거의 양의 크기 정도입니다. 실제 방주의 크기는 125,280마리의 양을 실을 정도의 크기입니다. 그렇다면 혹시 공룡도? 어린 공룡을 싣지 않았을까? 막 알에서 깨어 나온 공룡은 도마뱀 정도의 크기였다고 하니……. 〈출처: 비전성경, 10쪽, 두란노〉

실감나게 이야기하는 것은 가장 효과적인 교수 방법입니다. (기도로 준비해 주세요)

우리 반에 모여요

➡️ **출석 확인**

아이들이 자신의 출석표에 표시하도록 시간을 주십시오. (동물 스티커를 나눠주는 것도 좋은 방법입니다.)

➡️ **이야기 나누기**

하나님의 말씀을 다시 한 번 생각하며 이해하도록 돕는 질문들입니다. 이 질문들을 어린이들과 나누면서 어린이들 스스로 말씀을 생각하고 느끼게 합니다.

- 노아와 가족들은 방주에서 얼마나 오래 살아야 할 거라고 생각했을까요?

  (비전 성경 11쪽 참고 : 224일째 산이 보임, 264일째 까마귀를 내보냄, 270일째 비둘기를 내보냄, 278일째, 나뭇잎을 물고 옴, 285일째 비둘기가 떠남, 314일 만에 지면이 마름, 370일 지난 후 노아를 부르심)

- 노아는 하나님이 그를 사랑하고 돌보신다는 것을 느꼈을까요?

- 곰은 어디에서 새 보금자리를 찾고, 새는 어디에 둥지를 틀고, 토끼는 어디에서 살기로 하고, 개구리는 어디로 통통 뛰어갔을까요?

- 무지개를 보고 노아는 하나님께 무엇이라고 말했을까요?

- 다음에 무지개를 보게 되면 여러분은 어떤 생각을 하게 될까요?

- 하나님이 여러분을 사랑하고 언제나 돌보실 것이라는 사실을 확실히 아나요?

> **선생님, 잠깐만요!**
>
> 아이들 손목에 23cm 정도 길이의 무지개색 실이나 리본을 매주거나 손에 스티커를 붙여줍니다. 그러면서 하나님은 언제나 우리 세상을 사랑하고 보호하실 것이라고 되새기게 합니다. (흰색 라벨 스티커에 무지개를 그려서 사용할 수 있습니다.)

소그룹 활동

1. 하나님의 약속, 일곱색깔 무지개(무지개 색칠하기)

■ 활동목표 : 무지개를 색칠하며 하나님의 약속을 기억합니다.

■ 준비물 : 교회학교용 교재 7쪽, 색연필 또는 크레파스

■ 활동방법 : 1) 교회학교용 교재 7쪽의 무지개와 동물들을 색칠합니다.

　　　　　　　2) 완성된 그림을 보며 하나님의 약속에 대해 이야기 나눕니다.

📢 하나님께서 우리를 지켜주세요!

2. 무지개 모빌

■ 활동목표 : 무지개를 보며 하나님의 보호하심을 알고 감사합니다.

■ 준비물 : 그림 본 2쌍(무지개, 해, 구름, 비둘기, 꽃), 색연필 또는 크레용, 가위, 색실, 옷걸이

■ 활동방법 : 1) 무지개, 해, 구름, 비둘기, 꽃 등의 그림을 두꺼운 종이의 양면에 붙이고 색칠합니다. 이때 미리 오려 구멍을 뚫어놓는 것이 좋습니다.

　　　　　　　2) 색실을 이용해 색칠한 그림을 옷걸이에 매달아 모빌을 만듭니다.

　　　　　　　3) 모빌을 보며 항상 우리를 돌보시는 하나님의 약속을 생각하도록 합니다.

📥 **간 식**

아이들의 영양을 고려한 간식을 준비합니다.

 다함께 모여요

1. 색깔놀이

■ 활동목표 : 무지개의 다양한 색을 찾아 보며 하나님의 보호하심과 약속을 기억합니다.

■ 준비물 : 악보 "무슨 옷 입었니?"

■ 활동방법 : 1) 아이들이 다함께 모여 둥글게 앉습니다.

　　　　　　　2) 손목에 매여진 무지개색 실이나 리본(혹은 무지개 스티커 또는 소그룹 활동에서 만든 무지개)을 보면 무슨 생각이 드는 지 묻습니다.

　　　　　　　3) "무슨 옷 입었니"라는 노래의 음과 가사를 익히며 반복해서 부릅니다.

　　　　　　　4) 익숙해지면 노랫말의 색을 무지개 색으로 대체하여 아이들이 자유롭게 춤을 추도록 합니다.

　　　　　　　5) 노아와 가족들이 방주에서 나왔을 때처럼 오늘 우리가 얼마나 하나님께 감사한지 큰소리로 이야기 합니다. 우리의 기도와 찬양, 특히 순종을 통해 하나님께 감사할 수 있음을 이야기하며, 무지개를 볼 때마다 언제나 약속을 지키시는 하나님의 사랑과 돌보심에 감사할 것을 기억하도록 돕습니다. 둥글게 손을 잡고 "좋으신 하나님"을 찬양하며 마무리 합니다.

3. 마음에 새겨요

회상하기 질문을 통해 아이들은 오늘 배운 성경 말씀을 삶 속에서 적용할 수 있도록 도움 받을 수 있답니다.

• 노아와 그의 가족들이 방주에서 나와 제일 먼저 한 것은 무엇인가요?

기도) 오늘 우리와 함께해 주셔서 감사해요. 언제나 하나님을 사랑하고 경배하기 원해요. 예수님의 이름으로 기도합니다. 아멘.

➡ 광 고

가정용 교재로 오늘 배운 성경 이야기를 집에서 복습하도록 광고해 주십시오.

4. 마침 인사

마치는 노래를 부르며 집으로 돌아갑니다.

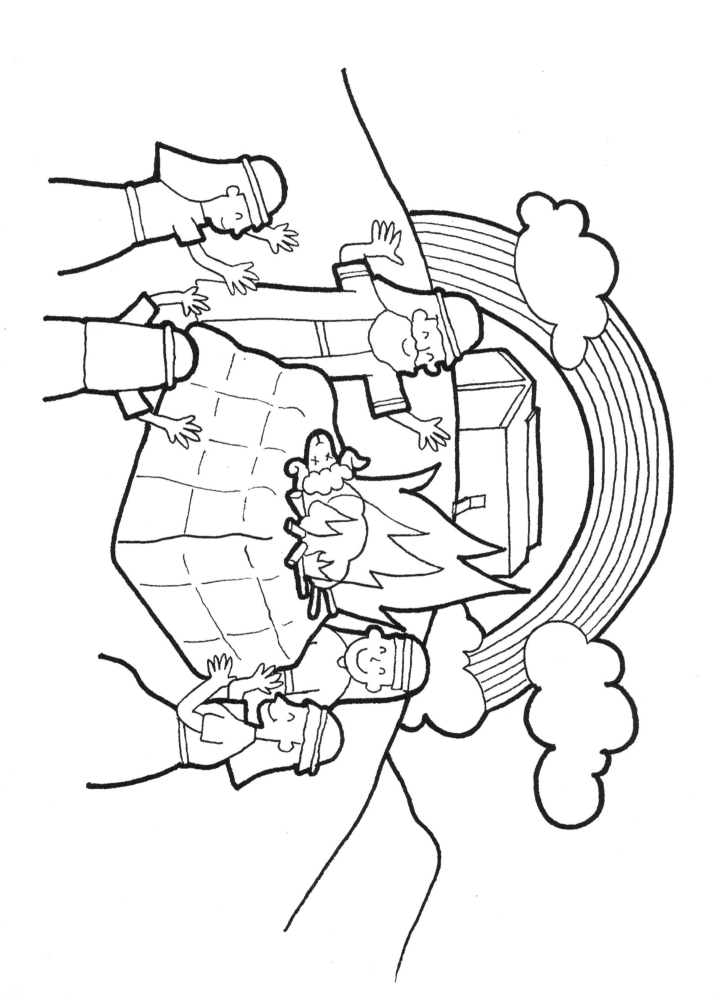

3 라합은 하나님을 믿었어요

성 경	여호수아 2장
암 송	너희가 나를 사랑하면 나의 계명을 지키리라. (요한복음 14 : 15)
포인트	라합은 하나님을 믿고 하나님의 백성을 도왔어요

◎ 이 과의 목표

믿음의 성숙 (교사와 어린이)

• 하나님은 힘 있고 능력 있는 분이심을 믿습니다.

• 우리를 도우시고 인도하시는 하나님을 기뻐합니다.

성경에 대한 이해 (어린이)

• 라합이 여리고에 사는 다른 사람들과 어떻게 달랐는지 이야기할 수 있습니다.

• 라합이 정탐꾼을 어떻게 도왔는지 설명할 수 있습니다.

• 라합이 하나님의 백성을 도운 이유를 설명할 수 있습니다.

믿음의 본보기 (교사)

하나님의 능력을 확실히 믿는 선생님의 믿음을 이야기하세요.

◎ 한눈에 보는 오늘의 예배

순 서	소요시간	활동계획
유치부에 왔어요	예배 전	반가워요 · 마음 열기
예배드려요	35 – 40분	찬양 · 기도 성경 봉독 · 성경 이야기
우리 반에 모여요	15 – 20분	출석 확인 · 이야기나누기 소그룹 놀이 활동(밧줄을 만들어요)
다함께 모여요	10분	대그룹 놀이 활동(정탐꾼을 숨겨라) 마음에 새겨요 · 광고 · 마침 인사

＊ 위의 순서는 각 교회학교의 사정에 따라 다르게 진행될 수 있습니다.

▣ 이 과를 준비하는 선생님들께

이번 주에는 여호수아가 여리고를 엿보기 위해 보낸 두 명의 정탐꾼들과 여리고 왕으로부터 이들을 숨겨주고 그 성을 빠져나가도록 도와준 창녀에 관한 이야기를 묵상합니다. 성경은 라합을 다윗과 예수의 조상,(마 1:5) 믿음의 여인, 믿음을 바탕으로 의롭게 행동한 사람의 표본(약 2:25)으로 적고 있습니다. 유대 전통에서 라합은 죄의 삶을 버리고 이스라엘의 믿음을 받아들인 위대한 예로 알려져 있습니다. 이 모든 이야기들을 어떻게 구성할 수 있을까요? 그리고 아이들에게 라합을 어떻게 소개할까요? 구약에서는 때때로 부적절해 보이는 인물들이 하나님의 부름을 받고 구원의 역사에서 핵심적인 역할을 한다는 사실을 눈여겨보아야 합니다. 온갖 술수에 능한 야곱이나 간통과 살인을 저지른 다윗이 하나님의 역사에서 주도적인 역할을 했습니다. 신약에서도 예수님은 야비한 세리 마태나 배신자 유다를 제자로 받아들였습니다. 그 교훈은 명확합니다. 하나님은 도덕성이나 인격이 아니라 그들의 믿음과 순종을 보고 사람을 사용하십니다. 그들 자신의 훌륭함이나 능력이 아닌 값없이 주어진 하나님의 은혜만이 그 사람으로 하여금 맡겨진 사명을 완수할 수 있게 합니다.

유대인들은 오랫동안 라합을 여관 주인으로 묘사해왔습니다. 아이들에게 라합의 직업을 이야기해야 한다면 이 정도로 이야기하는 게 무난할 것입니다. 물론 고대의 여관은 지금과는 달랐습니다. 혼자 사는 여성이 자기 집에 낯선 남자들을 들이는 것은 도덕적으로 의심스러운 일이었습니다. 그러나 아이들은 이런 뉘앙스를 눈치채지 못할 것입니다. 하나님은 여호수아에게 오셔서 요단 강

라합은 자신의 신앙에 따라 행동했습니다. 그는 정탐꾼들을 숨겨주었고 그들로부터 자신의 가족들을 보호할 수 있는 약속을 받아냅니다. 다시 말해 라합은 진정한 신앙인이었던 것입니다. 이것은 아이들에게 중요한 교훈을 줍니다. 진정으로 믿는 자는 누구나 하나님께 순종한다는 사실입니다. 진정한 신앙인은 하나님의 권능과 은혜, 신성함과 사랑, 영광, 자비에 대해 잘 알고 있고 크신 하나님을 기쁘시게 하기 위해 자신의 삶을 헌신하려는 사람입니다. 진정한 신앙인은 하나님을 사랑하고 그분께 순종하는 사람입니다.

을 건너 "내가 이스라엘 자손에게 주는 땅으로 가라"(수 1:2)고 말씀하십니다. 하나님은 "너의 평생에 너를 능히 당할 자 없으리니 내가 모세와 함께 있던 것 같이 너와 함께 있을 것임이라. 내가 너를 떠나지 아니하며 버리지 아니하리라"(수 1:5)고 하심으로 여호수아의 절대적인 승리를 확증하셨습니다. 그 신성한 약속을 믿으며 여호수아는 팔레스타인(여리고 성)을 침공할 준비를 합니다. 여호수아는 용의주도한 지휘관이었습니다. 그는 요단강 건너편에 있는 강한 성인 여리고에 두 명의 정탐꾼을 보내 이들의 군사력과 공격에 어떻게 대비하고 있는 지 알아오게 합니다. 정탐꾼들은 여리고성 사람들에게 의심을 받았고, 그래서 여러 명의 남자들이 오가는 창녀 라합의 집에 숨기로 합니다. 여리고 왕이 이 정탐꾼들에 대해 알아보기 위해 라합에게 사람을 보냈을 때 라합은 이들을 순순히 내주는 대신 아주 이상한 행동을 합니다. 그들을 감춘 후 왕의 군사들에게 정탐꾼들은 벌써 그녀의 집을 떠나 시골로 갔다고 한 것입니다. 라합은 왜 이런 모험을 했을까요?

라합이나 그 지방에 살던 모든 사람들은 하나님이 이스라엘 백성들을 이집트에서 건져내 팔레스타인으로 데려왔다는 사실을 알고 있었습니다. 모든 사람들은 이스라엘의 하나님이 다른 모든 신들보다 월등히 강하다는 사실 때문에 두려워했습니다. 그래서 라합은 이 정탐꾼들과 거래를 하려 했습니다. 그들의 탈출을 도와주는 대신, 여리고 성을 침공할 때 그의 가족 전체를 보호해 달라고 요청한 것입니다.

정탐꾼들은 이에 동의했습니다. 그들은 라합에게 집 창문에 붉은 줄을 걸어두도록 했습니다. 이 줄을 보고 이

스라엘 백성들은 라합의 집에 있는 사람들을 해치지 않았습니다. 라합은 자신의 신앙에 따라 행동했습니다. 그는 정탐꾼들을 숨겨주었고 그들로부터 자신의 가족들을 보호할 수 있는 약속을 받아냅니다. 다시 말해 라합은 진정한 신앙인이었던 것입니다. 이것은 아이들에게 중요한 교훈을 줍니다. 진정으로 믿는 자는 누구나 하나님께 순종한다는 사실입니다. 진정한 신앙인은 하나님의 권능과 은혜, 신성함과 사랑, 영광, 자비에 대해 잘 알고 있고 크신 하나님을 기쁘시게 하기 위해 자신의 삶을 헌신하려는 사람입니다. 진정한 신앙인은 하나님을 사랑하고 그분께 순종하는 사람입니다.

유치부에 왔어요

➡️ 반가워요

1. 아이들이 들어올 때 이름을 부르며 반갑게 맞이합니다. 지난 한 주간 선생님과 아이들 (이름을 부르며)을 돌보아 주신 하나님께 감사하다고 말하십시오.
2. 아이들이 오기 전 한 손가락에는 무지개 색실이나 리본, 다른 손목에는 빨간색 실이나 리본을 감아 둡니다. 무지개 색실을 보여주면서 아이들이 하나님의 약속의 표시인 무지개에 대해 이야기 하게 합니다. 다른 손목에 있는 빨간 줄을 아이들이 궁금해 하면 오늘 성경이야기 시간에 그 해답을 알 수 있을 것 이라고 이야기 합니다.

➡️ 마음 열기

1. 어린이 성경책과 여리고성의 이야기를 준비합니다.
2. 한쪽 코너에는 다양한 크기와 모양의 블록을 준비하여 성을 만들게 합니다.

예배 드려요

➡️ 찬 양

- 정말로 (Ⓖ)

  하나님께서 나를 사랑하셔 나-는 예수 안에서 지금- 빛의 아이다-

  예수님은 떠나지 않아 나를 절대 버리지않네- 믿기만 하면-

  정말로- 정말로- 사랑받고 있지 사랑받고 있지 너도 이걸 알고- 있니-

  정말로- 정말로- 너무 기뻐요 너무 기뻐요- 할렐루야 찬양-해요-

- 예수 믿는 어린이 (Ⓒ)
- 내 안에 (Ⓑ)

➡️ 기 도

하나님 아버지! 우리가 말씀을 배우고 순종하기 위해 이 자리에 모였어요. 하나님께 예배 드릴 때 참 기뻐요. 예수님 이름으로 기도합니다. 아멘

➡️ 성경 봉독

이것은 성경. (두 손을 모읍니다.)　　　　　　활짝 펴요. (책을 펴듯이 펼칩니다.)

여호수아 2장 8-14절 말씀.　정탐꾼들이 잠자리에 눕기 전에 라합이 지붕 위로 올라가 그들에게 말했습니다. "나는 여호와께서 이 땅을 당신들에게 주신 것을 알고 있습니다. 당신들에 대한 두려움이 우리를 급습해 이 땅에 사는 모든 사람들이 당신들 때문에 간담이 서늘해져 있습니다. 당신들이 이집트에서 나올 때 여호와께서 당신들을 위해 어떻게 홍해의 물을 말리셨는지, 당신들이 요단 강 건너편 아모리 사람의 두 왕 시혼과 옥을 어떻게 진멸시켰는지에 대해 우리가 들었습니다. 우리는 그 소식을 듣자마자 마음이 다 녹아내렸고 당신들 때문에 모두 용기를 잃었습니다. 당신들의 하나님 여호와는 위로는 하늘과 아래로는 땅의 하나님이시기 때문입니다. 이제 여호와를 두고 내게 맹세해 주십시오. 내가 당신들에게 자비를 베풀었으니 당신들도 내 아버지의 집에 자비를 베풀어 주십시오. 그리고 내게 확실한 징표를 주십시오. 내 부모와 내 형제자매들의 목숨을 살려 주고 그들이 가진 모든 것을 지켜 주며 당신들이 우리 생명을 죽음에서 구원해 주시기 바랍니다." 그러자 정탐꾼들이 라합에게 대답했습니다. "당신이 우리의 이 일을 발설하지 않는다면 우리가 목숨을 걸고 당신의 목숨을 대신할 것이며 여호와께서 이 땅을 우리에게 주실 때 우리가 당신을 자비롭고 진실하게 대할 것이오."

➡️ 들어가기

이야기용 모자를 쓰고 배낭을 메고 한 바퀴를 돌아 자리를 잡은 후 배낭을 벗고 그 속에서 천천히 1미터정도 길이의 빨간색 리본을 꺼내면서 "이 끈을 왜 가져왔는지 알려 줄 때가 되었어요."라고 큰 소리로 말합니다.

배낭에서 성경을 꺼내 여호수아 2장을 펼칩니다. 그리고 성경에 나와 있는 오늘의 이야기를 듣다 보면 왜 빨간 리본을 가져왔는지 알게 된다고 말합니다.

➡️ 성경 이야기

성경공부를 시작하기 전 라합의 집 창에 걸린 것처럼 빨간 줄이나 리본을 붙여 놓으세요.

라합은 하나님을 믿었어요. 라합은 점잖은 사람이라면 멀리하고 싶은 그런 사람이었지요. 길거리에서 라합을 만나는 사람들은 다 못 본 척했어요. 그런데 낯선 두 남자가 그 녀의 집에 들어왔어요. 라합은 깜짝 놀랐어요.

"도대체 누구지?"

그들이 말하는 것을 엿들은 라합은 놀라운 사실을 알게 되었어요.

"이 사람들은 여리고에 몰래 들어온 유대사람들이야. 그들이 우리 여리고 성을 차지하게 될 것이 분명해."

사실 라합은 이스라엘 사람들에 대한 소문을 들어서 알고 있었어요. 라합은 이스라엘 사람들이 믿는 하나님께서 이스라엘 사람들이 이집트에서 나올 때에 홍해의 물을 마르게 하신 것과 여러 가지 어려움에서도 구해주시고 지금도

그들과 함께 하신다는 것을 알고 있었던 거예요. 그래서 여리고 사람들이 정탐꾼들을 찾으러 올 때에 그들을 숨겨주기로 결심했어요.

"지붕 위로 올라가 숨으세요. 내가 군인들을 돌려 보내겠어요."

군인들을 돌려 보내고 정탐꾼들에게 찾아 온 라합은 이렇게 부탁했어요.

"난 위험을 무릅쓰고 당신들을 구했습니다. 그러니 당신들도 여리고가 여러분의 것이 될 때에 나와 우리 가족을 구해 주세요."

"여호와께서 이 땅을 주실 때에 당신이 우리에게 친절을 베푼 것처럼, 우리도 당신과 당신 가족들을 구하고 보호해 주겠습니다."

라합은 정탐꾼들이 창문을 통해 밧줄을 타고 내려갈 수 있도록 도와 주었어요. 그리고 다시 여리고로 올 때에 창문에 붉은 밧줄을 매어 놓아 표시가 되도록 했지요. 그 붉은 밧줄을 보고 라합과 가족들을 구해 줄 것을 약속했어요.

신실하신 하나님께서는 하나님만이 참 하나님이시고 우리를 구원하시는 분임을 믿는 라합을 기억하실 거예요. 우리를 도우시고 인도하시는 하나님을 찬양합니다.

(다음주에 하나님께서 라합을 어떻게 기억하셨는지 들어보도록 해요.)

우리 반에 모여요

➡️ 출석 확인

아이들이 자신의 출석표에 표시하도록 시간을 주십시오. (스티커를 나눠주는 것도 좋은 방법입니다.)

➡️ 이야기 나누기

하나님의 말씀을 다시 한 번 생각하며 이해하도록 돕는 질문들입니다. 이 질문들을 어린이들과 나누면서 어린이들 스스로 말씀을 생각하고 느끼게 합니다.

오늘 왜 빨간 줄을 손목에 매었는지 알겠느냐고 묻습니다. 그리고 이 이야기의 어느 부분이 가장 재미있었는지, 그리고 왜 재미있었는지 묻습니다.

• 라합은 여리고 성에 살던 다른 사람들과 어떻게 달랐나요?

• 군사들이 라합 집의 문을 두드렸을 때 정탐꾼들은 어떻게 느꼈을까요?

• 왜 라합은 정탐꾼들이 도망치는 것을 도왔을까요?

• 라합이 믿었듯 여러분도 하나님이 전능하신 분이라고 믿나요?

• 라합이 그랬듯 여러분도 하나님이 우리를 돌봐주실 것이라고 확신하나요?

• 이 이야기는 어떻게 끝을 맺을까요? (아이들에게 다음 번에 이야기해 주겠다고 약속합니다!)

➡ 소그룹 활동

1. 정탐꾼을 도와요(밧줄 만들기)

■ 활동목표 : 라합이 하나님을 믿고 하나님의 정탐꾼을 도왔음을 압니다.

■ 준비물 : 교회학교용 교재 9쪽, 투명테이프, 빨간색 리본테이프

■ 활동방법 : 1) 교회학교용 교재 9쪽 그림의 창문을 뚫고 선대로 접습니다.

    2) 그림을 보며 라합이 정탐꾼을 어떻게 도왔는지 이야기를 나눕니다.

    3) 빨간색 리본테이프에 정탐꾼 그림을 붙이고 창문에 통과하여 연결합니다.

    4) 빨간색 리본테이프를 돌려 정탐꾼을 내려보냅니다.

    5) 정탐꾼이 라합에게 남긴 약속이 무엇이었는지 기억합니다.

 하나님을 믿어요!

➡ 간식

아이들의 영양을 고려한 간식을 준비합니다.

 다함께 모여요

1. 정탐꾼을 숨겨라!

■ 활동목표 : 라합이 두 명의 정탐꾼을 구해 준 상황을 통해 하나님이 도우시고 보호하시는 분이심을 압니다.

■ 준비물 : 봉(막대)에 단 보자기 각 1개

■ 활동방법 : 1) 커다란 보자기에 봉을 달아 활짝 펼 수 있게 합니다.

    2) 어린이들은 두 팀으로 나누고 팀은 3명씩 짝을 지어 라합과 정탐꾼 두 명을 정합니다.

    3) 출발 신호와 함께 라합이 커다란 보자기로 두 명의 정탐꾼을 가리고 건너편 반환지점까지 갔다가 다함께 뛰어서 출발선으로 돌아옵니다.

    4) 게임을 기다리며 응원하는 친구들은 가려진 보자기에서 정탐꾼들이 보일 때에는 "보인다!"라고 외칩니다.

    5) 정탐꾼이 보일 때마다 라합이 된 어린이는 어떤 마음이 들었는지, 라합이 어떻게 하나님의 백성

을 구해주었는지 이야기 나누며 마무리합니다.

6) 숨박꼭질 같은 형태로 변형하여 놀이할 수도 있습니다.

(장소가 협소할 경우에는 작은 인형이나 사람 모양의 그림을 이용해도 좋습니다.)

2. 마음에 새겨요

회상하기 질문을 통해 아이들은 오늘 배운 성경 말씀을 삶 속에서 적용할 수 있도록 도움 받을 수 있답니다.

- 라합은 하나님을 누구라고 생각했을까요?
- 라합은 이스라엘 정탐꾼을 어떻게 도왔나요?

기도) 우리의 순종을 기뻐하시는 하나님! 하나님은 힘 있고 능력있는 분임을 알아요. 언제나 우리를 도우시고 인도하시는 하나님을 기뻐합니다. 예수님의 이름으로 기도합니다. 아멘.

➡ 광 고

가정용 교재로 오늘 배운 성경 이야기를 집에서 복습하도록 광고해 주십시오.

4. 마침 인사

마치는 노래를 부르며 집으로 돌아갑니다.

하나님이 라합을 구하셨어요

성 경	여호수아 6장
암 송	너희가 나를 사랑하면 나의 계명을 지키리라. (요한복음 14 : 15)
포인트	하나님께서 여리고 성을 무너뜨리고 라합과 이스라엘 백성을 구하셨어요.

◎ 이 과의 목표

믿음의 성숙 (교사와 어린이)

• 전능하신 하나님을 찬양합니다.

• 여호수아와 이스라엘 백성들처럼 하나님을 신뢰합니다.

• 라합과 그 가족을 구하신 분이 하나님이심을 알고 기뻐합니다.

성경에 대한 이해 (어린이)

• 여리고 성을 무너지게 한 분은 누구인지 말할 수 있습니다.

• 라합과 그 가족들에게 무슨 일이 일어났는지 말할 수 있습니다.

• 여리고 성에 들어가기 전과 후 이스라엘 백성들의 마음이 어떻게 바뀌었을지 상상해 봅니다.

믿음의 본보기 (교사)

하나님의 놀라우신 은혜에 감사 드리는 선생님의 마음을 아이들과 나누세요.

◎ 한눈에 보는 오늘의 예배

순 서	소요시간	활동계획
유치부에 왔어요	예배 전	반가워요 · 마음 열기
예배드려요	35－40분	찬양 · 기도 성경 봉독 · 성경 이야기
우리 반에 모여요	15－20분	출석 확인 · 이야기나누기 소그룹 놀이 활동(나팔 만들기)
다함께 모여요	10분	대그룹 놀이 활동(여리고 성 무너뜨리기) 마음에 새겨요 · 광고 · 마침 인사

※ 위의 순서는 각 교회학교의 사정에 따라 다르게 진행될 수 있습니다.

▣ 이 과를 준비하는 선생님들께

여리고 성 함락, 그리고 라합과 그 가족의 구원 이야기는 "이스라엘 자손들로 인하여 여리고는 굳게 닫혔고 출입하는 자 없더라."라는 간단한 구절(수 6:1)로 시작합니다.

고고학자들에 따르면 돌로 된 여리고 성 외벽의 두께는 1.83m정도, 안쪽 벽의 두께는 2.74m정도나 되었고, 두 벽 사이는 흙과 돌로 가득 차 있었다고 합니다. 올라가기에는 너무 높고 파헤치고 들어가기에는 너무 두꺼운 성벽이었습니다. 게다가 수비군이 성벽 위에서 지키고 있다가 가까이 오는 사람이 있으면 창을 던지고 활을 쏠 수 있도록 설계된 성이었습니다. 이런 두꺼운 벽 때문에 여리고는 난공불락의 성이었습니다.

게다가 수비까지 잘 되어 있다면 이 튼튼한 성 안에서 불안할 게 없다고 여리고 사람들은 믿었습니다. 그러나 진정한 의미의 안전은 하나님과 함께 할 때만 얻을 수 있다는 것을 아이들은 배워야 합니다. "여호와께서 너를 지켜 모든 환난을 면케 하시며 또 네 영혼을 지키시리로다."라는 말씀(시 121:7)대로 말입니다.

하나님은 여호수아에게 여리고 성이 그들 것이라고 말씀하십니다. 하나님은 이스라엘 군사들에게 엿새 동안 매일 한번씩 성 주위를 돌라고 하십니다. 그런데 이러한 하나님의 지시는 이상하게 들릴 수 있습니다. 그리고 일곱 번째 되는 날에는 성을 일곱 번 돌고 나서 함성을 외치고 나팔을 불면 성이 무너져 어느 방향에서든 앞으로 나가 성을 취할 수 있다고 하십니다. 이 전쟁 계획을 수행하기 위해서는 여호수아와 이스라엘 백성 모두에게 큰 믿음이 필요했습니다. 그러나 성경에 따르면 그들은 믿음으로 이 일을 행했고, 성벽은 무너졌습니다.(히브리서 11장 30절 참조)

여리고 성에 사는 백성들 중에는 이들의 우스꽝스러운 행진에 대해 분명 비웃는 자들이 있었을 것입니다. 그러나 우리가 알기로는 비웃는 자보다 훨씬 많은 수가 이스라엘 사람들, 특히 하나님이 이미 보여주신 권능에 대해 두려워하고 있었을 것입니다. 그렇지만 아무도 실제 무슨 일이 벌어질지 예상치 못했습니다. 여리고 성이 무너져 돌 더미가 되는 바로 그 순간까지 그들은 성벽이 자신들을 안전하게 지켜줄 것으로 믿었을 게 분명합니다.

여리고가 보여주는 난공불락 성으로서의 면모나 군사적으로 아무 효용이 없는 행진을 하는 이스라엘인들의 모습 모두 오직 하나님만이 이 성을 여호수아 손에 붙였다는 사실을 증명합니다. 아이들은 이 이야기에서 무엇보다 하나님의 선물로 승리를 이루었다는 사실을 이해해야 합니다. 이것은 여리고와 이스라엘 사람들 모두에게 명확하게 보여 진 것이었습니다.

여호와의 집 곳간에 들일 금, 은, 동과 철로 만든 물건을 제하고는 성 안에 있는 모든 것이 멸해집니다. 그것은 다시 말해 사람을 붙잡아 노예로 삼거나 물건을 빼앗는 것 같은, 보통 전쟁에서 일어나는 약탈이 전혀 없었다는 것을 뜻합니다. 이 전쟁의 승리자는 오직 하나님뿐이므로 모든 약탈물들은 하나님이나 하나님의 집에 바쳐져야 하는 것입니다.

이 부분은 아이들에게는 좀 잔인하게 보일 수 있으므로 직접적으로 표현하지 않는 것이 좋습니다. 또 명심해야할 것은 하나님은 악인의 죽음도 기뻐하시지 않는다는 것입니다.(에스겔 33장 11절 참조)

성 안에 있는 모든 것이 빠짐없이 파괴되었기에 라합과 그의 가족 전체가 안전하게 성을 빠져 나올 수 있었다는 사실이 더욱 눈에 띕니다. 그들은 여리고 성의 유일한 생존자들입니다. 여호수아는 라합의 집을 찾아 그와 그의 가족을 성벽 밖 안전한 장소까지 안내하라는 구체적

> 여리고가 보여주는 난공불락 성으로서의 면모나 군사적으로 아무 효용이 없는 행진을 하는 이스라엘인들의 모습 모두 오직 하나님만이 이 성을 여호수아 손에 붙였다는 사실을 증명합니다.

인 임무를 주어 두 정탐꾼을 보냅니다. 그 후 라합과 그의 가족들은 이스라엘 사람들의 환영을 받고 그들과 함께 살았습니다. (여호수아 6장 25절)

이 이야기는 다시 한번 기독교 복음의 핵심, 구원은 오직 하나님으로부터 온다는 것을 확인합니다. 우리가 진정으로 하나님을 경외하고 사랑하며, 우리의 순종을 몸으로 보여드리면 우리는 구원될 것입니다. 이것이 바로 아이들이 배워야할 기본 진리입니다. 그러나 우리의 사랑이나 순종이 구원을 얻는 도구가 될 수 없다는 사실을 명확히 하십시오. 구원은 하나님으로부터 값없이 받는 선물입니다. 하나님의 독생자가 우리에 대한 사랑 때문에 우리를 구원하기 위해 이 땅에 오신 것입니다. 우리는 오직 예수 그리스도를 믿음으로 구원받을 수 있습니다.

유치부에 왔어요

➡️ **반가워요**

생일 축하에 쓰이는 나팔이나 응원 나팔을 가볍게 불며 반갑게 맞이 합니다.
"○○아 어서와! 선생님은 ○○이가 너무 보고 싶었어."

➡️ **마음 열기**

1. 블록이나 여러 가지 상자로 성경 이야기에 사용할 여리고 성을 함께 만들어 봅니다.
2. 트럼펫 음악(카세트)을 틀면서 오늘 듣게 될 이야기의 흥미로운 결말에 대해 기대를 갖게 합니다.

예배 드려요

➡️ **찬 양**

• 손뼉쳐라 백성들아 (ⓒ)

    손뼉-쳐라 백성들아 기쁨-으로 외쳐라- 오- 새 노-래를 시온에 울려라 즐겁-게 송축하여라-

    우리안에-계신 전능-자 찬양 중에-올라가시네 보좌 위에-주 다스리실 때 그 영광과-기쁨이 넘-치네 오-

• 믿음으로 나아가라 (Ⓔ)

• 승리의 손 (ⓒ)

➡️ **기 도**

하나님 아버지! 우리가 말씀을 배우고 순종하기 위해 이 자리에 모였어요. 하나님께 예배 드릴 때 참 기뻐요. 예수님 이름으로 기도합니다. 아멘

➡ 성경 봉독

이것은 성경. (두 손을 모읍니다.)　　　　　活짝 펴요. (책을 펴듯이 펼칩니다.)

여호수아 6장 15-17절, 20절 말씀.　일곱 번째 날이었습니다. 그들은 동틀 무렵 일어나 그런 식으로 성을 일곱 번 돌며 행진했습니다. 그날만 성을 일곱 번 돌았습니다. 일곱 번째 돌고 있을 때 제사장들이 나팔을 불었습니다. 그때 여호수아가 백성들에게 말했습니다. "함성을 지르라! 여호와께서 너희에게 이 성을 주셨다. 이 성과 성안에 있는 모든 것들은 다 진멸된 것으로 여호와께 다 바쳐질 것이다. 오직 창녀 라합과 그녀 집에 그녀와 함께 있는 사람들은 모두 살려 주라. 우리가 보낸 사자들을 그녀가 숨겨 주었기 때문이다. / 백성들은 함성을 질렀고 나팔이 울렸습니다. 나팔소리에 맞춰 백성들이 큰 함성을 지르자 성벽이 와르르 무너져 내렸습니다. 그러자 백성들은 일제히 성으로 들어가 그 성을 점령했습니다.

➡ 들어가기

이야기용 모자와 배낭을 걸친 채 무대 위를 돕니다. (일곱 번 돌 수도 있습니다.) 아이들을 일어나게 하여 선생님의 발 동작을 흉내 내며 행진하게 하면서 (제자리에서라도) 이것이 오늘 이야기와 연관이 있다고 힌트를 줍니다.

➡ 성경 이야기

나레이터	여호수아는 하나님을 사랑하는 사람이었고 백성들이 하나님을 의지하고 따르도록 인도했어요. 여호수아와 이스라엘 백성들은 여리고 성 가까이에 천막을 쳤어요. 여리고 성은 굉장히 높고 아주 튼튼했으며 성문은 굳게 닫혀 있었어요. 하나님께서 여호수아에게 말씀하셨어요.
하나님	"여리고 성을 너희에게 주겠다. 가서 정복하라. 그러나 내가 너희에게 일러주는 대로 해야 할 것이다."
여호수아	"하나님께서 우리에게 저 여리고 성을 빼앗으라고 하십니다. 하루에 한 번씩 아무 말도 하지 않고 6일 동안 성 주위를 돌 것입니다. 7일째 되는 날 성을 일곱 바퀴 돌며 제사장이 나팔을 불고 백성들은 큰 소리로 '여호와께서 이 성을 주셨다!' 하고 외치시오."
사람들	"뭐라구요? 그게 무슨 말이에요?" (사람들의 의아한 표정)
여호수아	"하나님께서 그렇게 말씀하셨으니 우리는 그렇게 할 것입니다."
나레이터	한편, 여리고 성에서는 사람들이 이렇게 수근 거렸어요.
여리고 사람들	"하하하, 저 어리석은 이스라엘 사람들 좀 봐"
여리고 사람들2	"저놈들 도대체 무슨 생각으로 저러는 거야? 있는 힘을 다해 성벽을 돌아보라지! 꼼짝이나 하나."
나레이터	6일 동안 조용히 이스라엘 사람들은 성 주위를 돌고 또 돌았습니다. 7일째 되는 날, 여리고 사람들은 행군소리에 잠이 깼어요.

여리고 사람	"도대체 언제까지 저러고 있을 거야?"
나레이터	투덜거리며 다시 잠에 빠져들었어요.
여리고 사람	"그런데 오늘은 한 바퀴로 끝나지 않고 아직도 계속 돌고 있네~."
여리고 사람들	"하하하, 머리가 어떻게 된 것 아냐?"
나레이터	여리고 사람들은 성벽에 올라가 이스라엘 군인들을 비웃었어요. 그러나 여호수아는 자신 있게 행군을 계속했어요.
여리고 사람	"이 바보들아, 신발이 다 닳아 빠지겠구나. 땅 바닥에 너희들의 발자국을 만들어서 뭐하겠다는 거야? 응?"
나레이터	사람들은 손가락질하며 비웃었어요. 그런데 이스라엘 군인이 7번째 돌기 시작했을 때에
여호수아	"외치라, 여호와께서 이 성을 우리에게 주셨다!"
나레이터	제사장이 나팔을 불자 군인들이 "와~"하고 함성 소리를 질렀어요. 와르르 쾅쾅! 성벽이 무너지기 시작했어요. 이스라엘 사람들은 달려가서 여리고 성을 빼앗았어요. 하나님께서 말씀하신대로 여리고 성을 이스라엘 사람들에게 주셨어요. 여리고 성이 흙 먼지와 아우성으로 진동할 때에 꼭 한 사람의 가족은 기억하고 계셨겠지요. 두려움에 떨고 있던 라합을 잊지 않고 구해 주셨어요. 놀라우신 하나님의 능력과 작은 이의 약속도 기억하시며 구하시는 하나님을 경배합니다.

 우리 반에 모여요

➡ 출석 확인

아이들이 자신의 출석표에 표시하도록 시간을 주십시오. (스티커를 나눠주는 것도 좋은 방법입니다.)

➡ 이야기 나누기

하나님의 말씀을 다시 한 번 생각하며 이해하도록 돕는 질문들입니다. 이 질문들을 어린이들과 나누면서 어린이들 스스로 말씀을 생각하고 느끼게 합니다.

• 크고 강한 성을 무너뜨리려면 어떻게 해야 하나요?
• 여리고 성은 얼마나 크고 강했을까요?

- 여리고 성은 어떻게 무너졌나요?
- 왜 하나님은 여호수아에게 여리고 성 주위를 돌라고 하셨을까요?
- 이스라엘 백성들은 성 주변을 돌면서 정말 성이 무너지리라고 믿었을까요?
- 여리고 성이 무너졌을 때 이스라엘 백성들은 하나님이 어떤 분이라고 느꼈을까요?
- 나에게 여리고 성처럼 두렵고 무서운 것이 있다면 어떻게 해야 할까요?

▶ 소그룹 활동

1. 구원받은 라합! (무너지는 여리고 성 만들기)

■ 활동목표 : 하나님께서 하나님을 믿은 라합을 구해 주셨음을 압니다.

■ 준비물 : 교회학교용 교재 12쪽, 풀

■ 활동방법 : 1) 교회학교용 교재 12쪽 여리고 성 그림을 부채 접기로 접습니다.

2) 교회학교용 교재 13쪽에 1)의 접은 종이를 붙입니다.

3) 2)의 부채 접기를 한 종이를 잡아당겨 여리고 성이 무너진 모습을 표현합니다.

4) 무너진 여리고성에서 라합과 그의 가족들이 어떻게 살아남았는지 이야기를 나눕니다.

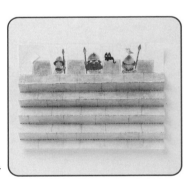

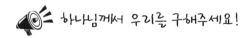 하나님께서 우리를 구해주세요!

▶ 간식

아이들의 영양을 고려한 간식을 준비합니다.

다함께 모여요

1. 여리고 성 무너뜨리기

■ 활동목표 : 여리고 성을 무너뜨리는 활동을 통해 전능하신 하나님을 찬양하고 기쁨을 맛보는 경험을 합니다.

■ 준비물 : 빈 상자, (소그룹 활동 시간에 만든) 나팔

■ 활동방법 : 1) 여리고 성 만들기

　방법① 블록이나 작은 상자 등을 이용하여 각 반마다 여리고 성을 하나씩 만듭니다. 그 꼭대기에 라합의 집을 표시하는 작은 상자를 올려놓고 빨간 줄을 달아 맵니다.

　방법② 아이들의 몸으로 여리고 성 만들기- 아이들이 둥그렇게 둘러서서 팔짱을 끼고 성벽을 만들어 성곽 모양을 만들게 합니다. 그 중 한 아이의 어깨에 빨간 리본을 길게 늘어뜨립니다.

2) 역할 나누기

　성벽 안쪽에 웅크리고 있는 라합, 지도자 여호수아, 이스라엘 사람들 등의 역할을 정합니다.

3) 나팔 불며 행진

　준비가 끝나면 트럼펫 음악을 틀고 성벽 주위를 행진합니다. 음악이 끝나면 벽이 넘어지고 라합을 구하는 시늉을 하면서 아이들은 즐거워할 것입니다.

4) 마무리하기

아이들을 앉히고 성경 이야기를 다시 한번 생각할 수 있도록 질문을 던집니다.

　– 하나님의 백성들은 매일 성 주변을 돌면서 어떻게 느꼈을까요?

　– 성 주변을 돌 때 정말 성이 무너질 거라고 믿었을까요?

　– 거대한 벽이 무너져 내렸을 때 이스라엘 사람들은 어떤 표정을 지었을까요?

　– 성안에서 기다렸던 라합과 그 가족은 어떤 마음으로 기다렸을까요?

　– 라합은 정말 안전할 것이라고 생각했을까요?

　– 하나님의 힘이 여리고 성을 무너뜨릴 정도로 진짜 세다고 믿었을까요?

2. 마음에 새겨요

회상하기 질문을 통해 아이들은 오늘 배운 성경 말씀을 삶 속에서 적용할 수 있도록 도움 받을 수 있답니다.

• 여리고 성을 무너뜨린 분은 누구인가요?

• 여리고 성이 무너질 때 라합과 그의 가족은 어떻게 되었나요?

• 나에게 여리고 성처럼 두렵고 무서운 것이 있다면 어떻게 해야 할까요?

기도) 사랑의 하나님! 놀라우신 우리 하나님을 찬양합니다. 여호수아와 이스라엘 사람들처럼 하나님을 신뢰하기 원해요. 예수님의 이름으로 기도합니다. 아멘.

➡️ 광 고

가정용 교재로 오늘 배운 성경 이야기를 집에서 복습하도록 광고해 주십시오.

4. 마침 인사

마치는 노래를 부르며 집으로 돌아갑니다.

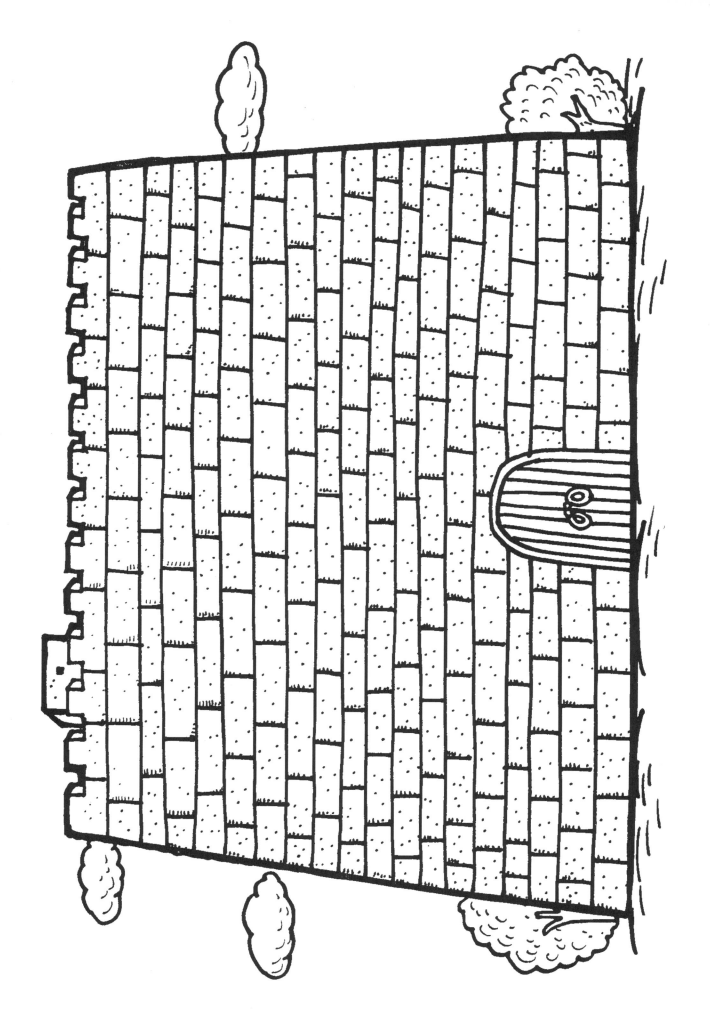

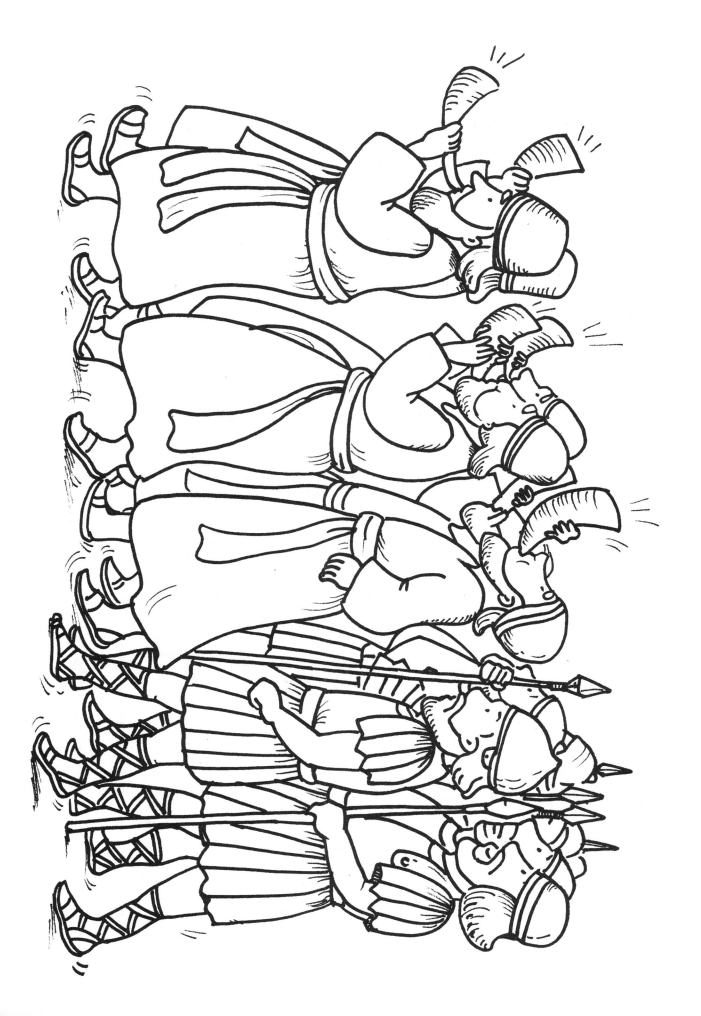

5 기드온은 하나님께 순종했어요

성 경	사사기 6-7장
암 송	우리가 사랑함은 그가 먼저 우리를 사랑하셨음이라. (요한1서 4:19)
포인트	하나님의 백성을 이끌라는 하나님의 명령에 기드온은 순종했어요.

▣ 이 과의 목표

믿음의 성숙 (교사와 어린이)

• 하나님은 우리 같은 평범한 사람을 사용하셔서 큰일을 이루신다는 것을 알게 됩니다.

• 하나님을 사랑하고 하나님께 순종하기 원합니다.

• 하나님의 백성을 구하시는 하나님의 방법에 기뻐합니다.

성경에 대한 이해 (어린이)

• 오늘 배운 성경 이야기를 다시 이야기할 수 있습니다.

• 천사가 찾아왔을 때 기드온의 기분이 어땠을지 상상해 봅니다.

• 기드온이 어떻게 순종했는지 말할 수 있습니다.

• 우리가 하나님을 위해 할 수 있는 것에는 무엇이 있는지 생각해 봅니다.

믿음의 본보기 (교사)

하나님께 순종했던 경험이 있다면 아이들과 나누세요.

▣ 한눈에 보는 오늘의 예배

순 서	소요시간	활동계획
유치부에 왔어요	예배 전	반가워요 · 마음 열기
예배드려요	35-40분	찬양 · 기도 성경 봉독 · 성경 이야기
우리 반에 모여요	15-20분	출석 확인 · 이야기나누기 소그룹 놀이 활동(기드온의 용사 / 어린이 지도자 훈련 중 택일)
다함께 모여요	10분	대그룹 놀이 활동(나팔 순종 게임) 마음에 새겨요 · 광고 · 마침 인사

＊ 위의 순서는 각 교회학교의 사정에 따라 다르게 진행될 수 있습니다.

◙ 이 과를 준비하는 선생님들께

여호수아는 죽기 전 백성의 지도자들과 만나 그들에게 "여호와를 경외하며 성실과 진정으로 그를 섬길 것이라."고 촉구합니다. 그러자 백성들은 "우리 하나님 여호와를 우리가 섬기고 그 목소리를 우리가 청종 하리이다."고 대답합니다(수 24:14, 24). 그러나 그들이 하나님에 대한 사랑과 순종을 저버리는 데는 그리 많은 시간이 걸리지 않았습니다.

사사기는 백성이 여러 신들을 섬길 때 여호와 하나님이 그들을 적의 손에 넘긴다는(삿 2:11-15) 무서운 본보기를 보여주는 책입니다. 백성들이 뉘우치자 하나님은 그들을 구원하기 위해 사사를 보냅니다. 그러나 사사가 죽자 그들은 재빨리 돌이켜 이방 신들을 섬기고 그릇되게 행합니다(삿 2:16-19).

기드온 이야기에 있어서 아이들에게 이런 배경을 이해시키는 게 무엇보다 중요합니다. 엄마나 아빠가 "장난감 좀 치워라."고 할 때 얼마나 자주 말씀에 불순종했는지 아이들로 하여금 생각해 보도록 하세요. 이스라엘 백성들도 이렇게 하나님께 순종하지 않았던 것입니다. 물론 다른 신들을 섬기는 것이 지금의 법을 어기는 것보다 훨씬 나쁘지만, 고집스럽게 불순종하는 태도는 비슷하다고 아이들에게 설명할 수 있습니다. 이렇게 실제 자기 생활과 비교하게 함으로써 아이들은 이스라엘 백성들이 왜 순종하지 않았으며, 하나님이 그들에 대해 얼마나 화가 나셨을지 그들의 수준으로 이해하게 됩니다.

이스라엘은 미디안에 의해 또 다시 어려움을 당하게 되고, 여호와께 부르짖습니다(삿 6:7). 그리고 하나님은 응답하십니다. 여호와의 사자가 기드온에게 나타나 "큰 용사여, 여호와께서 너와 함께 계시도다."(삿 6:12)고 하십니다. 이때 기드온은 공손하지만 반신반의(半信半疑)하는 어조로 "여호와께서 우리와 함께 계시면 이 모든 일들이 어떻게 일어났습니까? 조상들이 우리에게 이야기한 기적은 어디에 있습니까? …이제 하나님은 우리들을 버리셨습니다."(삿 6:13)라고 대답합니다. 하나님이 그를 통해 싸우시고 이스라엘을 구원하려 하신다는 사실을 기드온이 완전히 받아들이기까지 몇 가지 이적이 나타납니다. 신약에서는 이적을 구하는 것이 보통 믿음의 부족을 보여주는 것으로 간주됩니다. 그러나 구약에서는 말하는 사람의 권위를 확증하기 위해 이적을 요구하는 게 정당한 방법이었습니다.

이번 주 이야기에는 기드온이 여호와의 지시에 따라 공격하는 군사 수를 3백 명으로 줄이게 되는 과정과 미디안 사람이 꾼 꿈 이야기를 엿듣게 되는 이야기, 미디안을 넘어뜨린 이스라엘의 영광스럽고 완벽한 승리는 오직 하나님의 권능으로부터 비롯된 것이라는 메시지(삿 7:2-3 참조)가 들어 있습니다.

우리는 모두 이를 통해 하나님이 놀랍고 신비한 방법으로 우리를 구원하신다는 진리를 명심해야 합니다. 그리고 이 사건은 '하나님의 아들이 사탄을 이기기 위해 세상 죄를 대신 짊어지고 자신을 희생양으로 드리러 이 세상에 오셨다.'는 신약의 위대한 메시지를 미리 보여줍니다. 우리의 구원은 기드온의 군사 3백 명이 미디안의 거대한 군대를 이긴 것 같은 인간적인 것이 아닙니다. 우리가 알아야 할 교훈은 분명합니다. 하나님과 함께 할 때 불가능은 없다는 것입니다.

사사기를 관통하는 기본 주제는 죄는 심판을 낳지만 회개하고 하나님께 돌아오면 구원을 받는다는 것입니다.

우리가 알아야 할 교훈은 분명합니다. 하나님과 함께 할 때 불가능은 없다는 것입니다. 사사기를 관통하는 기본 주제는 죄는 심판을 낳지만 회개하고 하나님께 돌아오면 구원을 받는다는 것입니다. 우리는 모두 죄인이어서 마땅히 심판을 받아야 합니다. 우리 중 누군가가 구원받았다면 그것은 오직 은혜로 인한 것입니다.

"누가 당신을 구원할 수 있습니까?"
"나는 나 자신을 구원할 수 없습니다. 오직 예수 그리스도만이 나를 구원하실 수 있습니다."

우리는 모두 죄인이어서 마땅히 심판을 받아야 합니다. 우리 중 누군가가 구원받았다면 그것은 오직 은혜로 인한 것입니다.

기드온 이야기는 이 위대한 진리를 예시합니다. 하나님만이 자신을 구원할 수 있다는 이 진리를 아이들이 깨닫기 원합니다.

"누가 당신을 구원할 수 있습니까?"
"나는 나 자신을 구원할 수 없습니다. 오직 예수 그리스도만이 나를 구원하실 수 있습니다."

유치부에 왔어요

➡ **반가워요**

아이들이 도착하는 대로 그 동안 여러분들이 발견한 장점을 칭찬해 주는 시간을 가집니다. 잘 웃는다든지, 성경이야기를 열심히 듣는다든지, 찬양하기를 좋아한다든지 무엇이든 좋습니다.

➡ **마음 열기**

나팔을 직접 만지거나 연주하면서 탐구하는 놀이를 합니다. 이때 나팔은 실제 악기나 장난감 나팔 또는 지난 주 소그룹 활동 시간에 만들었던 나팔 등 다양하게 준비될 수 있습니다.

예배 드려요

➡ **찬 양**

• 믿음으로 나아가라 (Ⓔ)

믿음없인 어느것도– 주를 기쁘시게 못하네–
하나님께 나아갈때– 믿음으로 나아가라–
살아계신 하나님– 너와 함께 계시고–
그를 찾는– 너에게– 상주심을 믿으라–

• 위대하고 강하신 주님

➡ **기 도**

하나님 아버지! 우리가 말씀을 배우고 순종하기 위해 이 자리에 모였어요. 하나님께 예배 드릴 때 참 기뻐요. 예수님 이름으로 기도합니다. 아멘

"우리가 사랑함은 그가 먼저 우리를 사랑하셨음이라" 요한1서 4장 19절 말씀! 아멘!

먼저 하나님께서는 우리 모두에게 각각 다른 재능을 주셨으며, 우리의 사랑과 섬김을 기뻐 받으신다는 것은 간략하게 설명합니다. '어른이나 중요한 사람이 되지 않아도 우리 같은 어린아이도 하나님의 백성으로 하나님을 위해 일을 할 수 있는 것입니다!'

성경을 펴고 암송 구절 "우리가 사랑함은 그가 먼저 우리를 사랑하셨음이라"(요한1서 4장 19절)를 읽어줍니다. 아이들에게 우리를 먼저 사랑한 '그'가 누구냐고 묻습니다. 좀 더 명확하게 하기 위해 암송 구절에서 '그'라는 표현을 '하나님'으로 바꿀 수도 있습니다.

다음과 같이 동작과 함께 암송하면 더욱 좋습니다.

| 우리가 사랑함은 (옆 아이를 껴안는다.) | 그(하나님)가 먼저 (팔을 차례차례 위로 올린다.) | 우리를 (가슴에서 두 손을 포개어) | 사랑하셨음이라 (좌우로 흔든다.) |

➡ 성경 봉독

이것은 성경. (두 손을 모읍니다.)   활짝 펴요. (책을 펴듯이 펼칩니다.)

사사기 7장 9절 말씀. 그날 밤에 여호와께서 기드온에게 말씀하셨습니다. "일어나 미디안 막사를 치러 내려가라. 내가 그것을 네 손에 줄 것이다."

➡ 들어가기

나팔, 주전자, 초나 전등 같이 오늘 성경 이야기와 관계 되는 물건들을 미리 배낭 속에 넣어 둡니다

배낭을 열어 성경을 꺼냅니다. 성경 중 오늘 배울 이야기가 담긴 부분(미리 표시해 놓은)을 펼쳐서 다른 아이들에게 보여줍니다. 또 나팔, 항아리(주전자), 초 등 오늘 이야기에 사용할 물건들을 꺼냅니다. 호기심이 생길 수 있도록 "이 물건들은 뭘까요? 어디에 쓰려는 거죠?" 질문 후, "오늘 성경이야기를 잘 들으면 알 수 있단다." 라고 말해줍니다. (아이들이 이야기를 들으면서 볼 수 있도록 물건을 잘 보이는 곳에 놓아둡니다.)

※ 오늘은 특별히, 아이들 중 한 명이 '오늘의 리더'가 되어 〈들어가기〉 시간의 진행을 맡아 할 수도 있습니다. '오늘의 리더'를 세우셨다면 선생님께서 미리 준비시켜 주세요.

➡ 성경 이야기

오랫동안 풍성한 생활을 하던 이스라엘 사람들은 다시 하나님을 잊어버리기 시작했어요. 우상 바알을 섬기며 살았어요. 그 중 몇 명만이 하나님의 구원을 기억하고 있었지요. 그러면서 점점 어려움이 닥쳐오고, 게다가 무려 7년 동안이나 사막에 사는 사람들의 습격을 받았어요. 더욱 두려운 것은 미디안이라는 나라가 큰 군대를 끌고 쳐들어 온다는 것이었지요. 하나님께서는 기드온을 지도자로 세우시고 말씀하셨어요.

"기드온아, 나를 도와 내 백성들을 구해내거라."

기드온은 하나님께 대답했어요.

"가난한 농부에 불과한 제가 어떻게 이스라엘 민족을 구할 수 있겠습니까? 만일 하나님께서 도와주신다면 그 증거로 내일 아침 양털은 이슬에 젖고 땅은 말라 있게 해 주세요."

다음날 아침 양털은 흠뻑 젖었고 땅은 바싹 말라 있었어요. 하지만 기드온은 아직도 두려웠어요.

"하나님 이번에는 양털만 말라 있고, 땅이 젖게 해 주세요. 그러면 믿겠어요."

다음날 아침 양털은 바싹 말라있고 땅만 촉촉히 이슬에 젖어 있었어요. 기드온은 하나님께서 자기를 세우시고 함께 하신다는 것을 믿게 되었어요.

그래서 서둘러서 많은 군사들을 모았어요. 하지만 하나님께서는 이렇게 많은 사람들은 필요 없다고 하셨어요. 싸움이 두려운 사람은 집으로 돌아가라고 하셨어요. 하나님은 마음이 준비된 300명만 남기고 모두 돌려 보내라고 하신 것이지요.

전쟁에는 많은 사람이 필요한데 하나님께서는 왜 많은 사람을 돌려보내고 300명만 남기라고 하셨을까요?

"내가 이 적은 숫자의 군인만 가지고 싸우지 않고도 이기게 해 주겠다. 너희들의 힘이 아니라 하나님의 힘으로 이기는 것을 보여주겠다."

고 약속하셨어요.

그날 밤, 300명의 군사들은 하나님의 명령대로 각각 나팔과 항아리로 감싼 횃불을 하나씩 들었어요. 그리고 적군이 있는 곳으로 슬며시 들어갔답니다. 모두 하나님이 명령하신 대로였어요. 기드온이 신호를 보냈어요. 군사들은 동시에 나팔을 불며 항아리를 깨뜨렸지요. 그러자 잠을 자던 적군들은 모두 겁에 질려 뿔뿔이 흩어지고 도망쳐 버렸어요. 이렇게 하나님을 믿는 이스라엘 백성들은 싸우지 않고도 하나님의 방법대로 이길 수 있었답니다.

하나님의 백성을 구하시는 놀라우신 하나님을 찬양합니다.

우리 반에 모여요

➡ 출석 확인
아이들이 자신의 출석표에 표시하도록 시간을 주십시오. (스티커를 나눠주는 것도 좋은 방법입니다.)

➡ 이야기 나누기
하나님의 말씀을 다시 한 번 생각하며 이해하도록 돕는 질문들입니다. 이 질문들을 어린이들과 나누면서 어린이들 스스로 말씀을 생각하고 느끼게 합니다.

비밀상자에서 그림카드(횃불, 항아리, 나팔 그림 등)를 하나씩 들어 보이며, 이 물건들이 이야기의 어느 부분에서 나왔었는지 떠올려 보게 합니다. 그리고 그 사건들에 대해 잠시 생각해 보는 시간을 갖습니다.

- 기드온은 하나님께 순종하는 것이 쉬웠을까요?
- 기드온은 자신의 군대가 이길 수 있다고 생각했을까요?
- 이 이야기 중 어느 부분이 제일 재미있나요?
- 전쟁에서 이기게 하시는 하나님의 방법은 무엇일까요?

• 기드온은 약한 모습으로도 하나님께 순종했어요. 6~7살인 어린 우리도 하나님께 순종할 수 있을까요?

▶ 소그룹 활동

1. 순종한 기드온의 용사(무기 비교하기)

■ 활동목표 : 기드온이 어떻게 순종했는지 알아보고 주님이 이루신 일을 기뻐합니다.

■ 준비물 : 교회학교용 교재 14쪽, 29쪽

■ 활동방법 : 1) 교회학교용 교재 14쪽의 소박한 평상복을 입은 기드온의 용사와 갑옷을 입은 미디안의 군사를 무기와 소품들로 꾸며 봅니다.

2) 성경 이야기에 따라 어떤 군사가 승리했는지 이야기 나눕니다.

3) 기드온의 용사에게 '승리' 글자를 붙이며 "하나님께서 승리하셨어요!"라고 외칩니다.

4) 갑옷과 무기로 무장한 미디안의 군사와 비교하며 하나님이 주시는 승리는 사람의 힘과 능력으로 얻을 수 있는 것이 아님을 깨닫습니다.

📣 여호와 닛시! (승리의 하나님!)

2. 어린이 지도자 훈련

■ 활동목표 : 아이들을 교회나 지역사회 일에 참여하게 함으로써 지도자로서의 역할(예수님의 섬김과 사랑)을 배우게 합니다.

■ 준비물 : 전도지

■ 활동방법 : 1) 전도지 겉장에 그림을 그립니다.

2) 전도지를 나눠 줍니다.

3) 교회 마당을 돌며 쓰레기를 줍습니다.

4) 간식 준비를 돕습니다.

5) 유치부 예배실을 청소합니다.

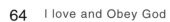

6) 크레용이나 사인펜 등을 정리합니다.

➡️ 간식

아이들의 영양을 고려한 간식을 준비합니다.

 다함께 모여요

1. 운율이 있는 이야기

■ 활동목표 : 기드온의 이야기를 리듬을 넣어 따라 하게 합니다.
■ 활동방법 : 4박자

무릎 두 번	손뼉 두 번	무릎 두 번	손뼉 두 번
기드온의	군 대 는	3백 명	이었죠
작 은	군 대 로	미디안을	이겼죠
나 팔,	횃 불	항아리	로~
싸우지도	않 고	이 겼	죠~
그럼 요	하나님이	이 겼	죠~
그래 요	하나님이	구원하셨	죠!~

2. 나팔 순종 게임

■ 활동목표 : 나팔 소리 음률을 그대로 따라하며 온전히 순종하는 태도를 배웁니다.
■ 준비물 : 나팔
■ 활동방법 : 1) 나팔의 다른 음률에 맞춰 약속을 정합니다.
　　　　　　　(예: 나팔 한 번-손뼉 한 번, 나팔을 길게-나팔 소리가 끝날 때까지 손뼉 치기, 삼박자 나팔소리-삼
　　　　　　　박자 박수치기 등)
　　　　　　　2) 나팔을 부는 선생님의 음률에 따라 어린이는 무릎이나 손뼉 등을 치며 놀이합니다.

2. 마음에 새겨요

회상하기 질문을 통해 아이들은 오늘 배운 성경 말씀을 삶 속에서 적용할 수 있도록 도움 받을 수 있답니다.

• 하나님이 기드온에게 백성들을 구해내라고 하셨을 때 기드온은 어떻게 했나요?
• 하나님은 이스라엘 백성으로 하여금 어떻게 이기게 하셨나요?
• 우리에게 어려운 일이 생기면 하나님은 우리를 어떻게 도와주실까요?

기도) 사랑의 하나님! 오늘 우리의 예배를 받아주셔서 감사해요. 우리도 기드온과 기드온의 삼백 용사처럼 하나님께 순종하기 원해요. 예수님의 이름으로 기도합니다. 아멘.

▶ 광 고

가정용 교재로 오늘 배운 성경 이야기를 집에서 복습하도록 광고해 주십시오.

4. 마침 인사

마치는 노래를 부르며 집으로 돌아갑니다.

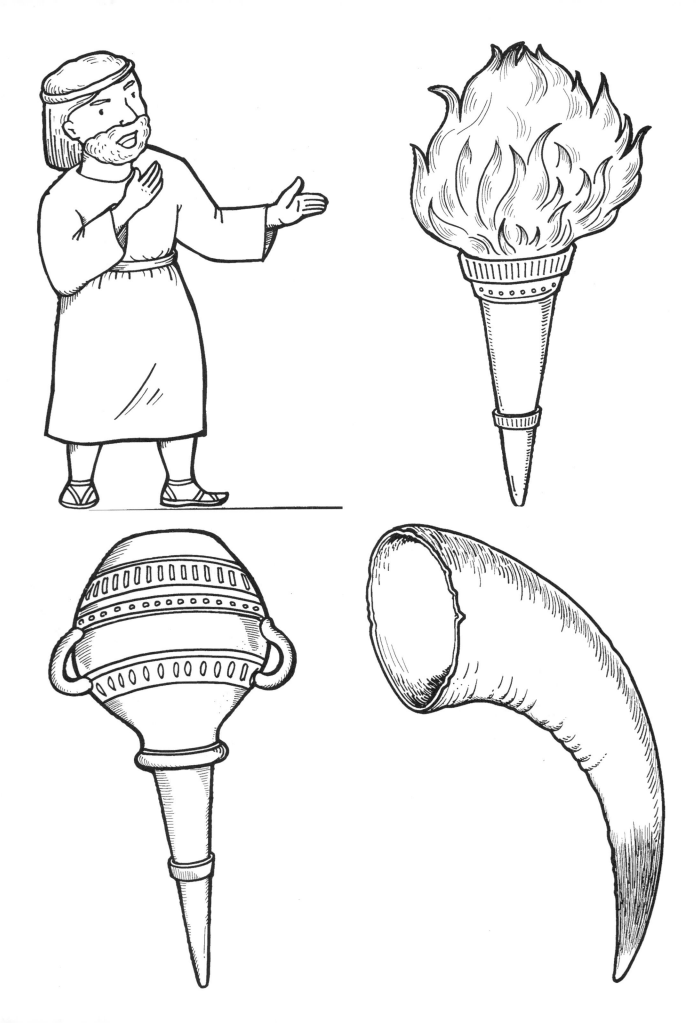

엘리야는 하나님께 기도했어요

성 경	열왕기상 18장 16-39절
암 송	우리가 사랑함은 그가 먼저 우리를 사랑하셨음이라. (요한1서 4:19)
포 인 트	하나님은 엘리야의 기도를 들으시고 응답하셨어요.

◎ 이 과의 목표

믿음의 성숙 (교사와 어린이)

• 우리가 기도할 때 하나님이 들으신다는 사실을 압니다.

• 하나님은 우리의 기도에 응답하심을 깨닫습니다.

• 우리의 기도를 들으시고 응답하시는 하나님께 날마다 기도합니다.

성경에 대한 이해 (어린이)

• 오늘 배운 성경 이야기를 다시 이야기할 수 있습니다.

• 여호와만이 진짜 하나님이심을 압니다.

• 하나님이 우리의 기도를 들으심을 압니다.

믿음의 본보기 (교사)

하나님께서 선생님의 기도에 어떻게 응답하셨는지 아이들과 함께 나누세요.

◎ 한눈에 보는 오늘의 예배

순 서	소요시간	활동계획
유치부에 왔어요	예배 전	반가워요 · 마음 열기
예배드려요	35-40분	찬양 · 기도 성경 봉독 · 성경 이야기
우리 반에 모여요	15-20분	출석 확인 · 이야기나누기 소그룹 놀이 활동(하나님의 불 그리기 / 동극 중 택일)
다함께 모여요	10분	대그룹 놀이 활동(함께 외쳐요) 마음에 새겨요 · 광고 · 마침 인사

* 위의 순서는 각 교회학교의 사정에 따라 다르게 진행될 수 있습니다.

▣ 이 과를 준비하는 선생님들께

이번 주 배울 이야기는 성경 전체에서 가장 극적인 부분입니다. 우상숭배에 대한 심판으로 하나님은 이스라엘에 극심한 기근을 보냅니다.

3년간 아합의 군대를 피해 있던 선지자 엘리야는 여호와 하나님의 지시로 아합 왕을 만나러 갑니다(왕상 18:1). 그들은 만나자마자 대기근에 대해 서로 책임을 묻습니다. 아합은 대기근을 예언한 엘리야(왕상 17:1) 때문이라고 생각하지만, 엘리야는 아합이 하나님께 불순종하고 바알을 섬겼기 때문에 재앙이 생겼다고 대답합니다. 엘리야는 또한 "보라, 여호와는 하나님이시다. 여호와든 바알이든 이제 마음을 정하라." 고 호소합니다.

사람들이 갈멜산에 모이자 엘리야는 '두 나뭇가지 사이에서 머뭇머뭇하고 있다.'고 그들을 힐난합니다. 그들은 여러 신들을 섬기는 백성이 된 것입니다. 그 시대 대부분의 사람들이 그랬듯 바람의 신, 폭풍의 신, 강의 신 같은 존재를 그들은 믿었습니다. 그렇지만 하나님과 이스라엘이 맺은 약속의 핵심은 첫 번째 계명인 "내 앞에 다른 신을 두지 말라."에 있었습니다. 그들은 유일하고 진실하신 하나님께만 경배할 뿐 어떤 사람이나 피조물, 물건을 하나님 자리에 두면 안 되었습니다.

많은 신들이나 우상이라는 개념을 아이들은 선뜻 이해하기 어려울 것입니다. '진짜 하나님', '거짓 신'으로 나눠서 이야기하고, 이 세상 사람들은 많은 거짓 신들을 믿었다고 설명할 수 있습니다. 바람이 심하게 불면 바람 바알이 화났다고 말하고, 태양이 밝게 비치면 태양 바알이 행복하다고 말했던 것입니다. 사람들은 폭풍과 번개, 비 등을 관장하는 바알도 믿었습니다. 거짓 예언자들은 그 바알에게 하늘에서 불을 내려달라고 빌기도 했습니다.

이 이야기에서 핵심은 번제를 드릴 때의 엘리야의 기도와 비를 구하면서 엘리야가 일곱 번 반복한 기도입니다. 첫 번째 기도로 하늘에서 불이 내렸고, 두 번째 기도로 땅에 비가 내립니다. 둘 다 하나님의 권능을 나타내는 신호로, 이스라엘의 하나님은 하늘에서 내려오는 파괴적인 불 뿐 아니라, 이 땅을 치료하는 비의 통치자이심을 보여줍니다.

갈멜산 이야기 저변에 흐르는 대조를 눈여겨보십시오. 바알의 선지자는 4백 여명이었는데, 여호와의 선지자는 단 한 명이었습니다. 바알의 선지자는 아침부터 저녁까지 부르짖고 기도했는데, 엘리야는 진실하지만 간단한 기도만 드렸습니다. 기도하는 형태도, 바알의 선지자들은 외치고, 춤추고, 광란의 상태에서 스스로를 상처 냈는데 비해 엘리야는 간단하면서도 심오한 기도를 드릴 뿐이었습니다. 그런데 바알로부터는 아무 응답도 없었는데 반해 여호와는 하늘에서 불을 보내 번제물 뿐 아니라 주위에 있는 모든 것들을 태워 버리셨습니다.

이 일로 어떻게 되었습니까? 백성들은 여호와가 유일하고 진실하신 하나님이라는 것과 바알을 버려야 한다는 사실을 확신하게 됩니다. "여호와 그는 하나님이시로다!"라는 외침과 바알 선지자 4백 여 명을 죽인 것은 그들이 진정으로 회개했음을 보여줍니다.

이 이야기에서 핵심은 번제를 드릴 때의 엘리야의 기도와 비를 구하면서 엘리야가 일곱 번 반복한 기도입니다. 첫 번째 기도로 하늘에서 불이 내렸고, 두 번째 기도로 땅에 비가 내립니다. 둘 다 하나님의 권능을 나타내는 상징으로, 이스라엘의 하나님은 하늘에서 내려오는 파괴적인 불 뿐 아니라, 이 땅을 치료하는 비의 통치자이심을 보여줍니다.

하나님은 왜 우리가 기도하기를 원하십니까? 하나님은 우리가 하나님을 믿고 의지하는 관계가 되기를 원하시기 때문입니다.

"당신은 왜 기도해야 합니까?"
"기도는 하나님께 감사할 수 있는 가장 중요한 방법입니다."

"기독교인으로서 어떻게 기도해야 합니까?"
"유일하고 진실하신 하나님이 분명 내 기도를 들어주실 것이라고 믿으면서 진정으로 기도해야 합니다."

하나님이 들어주실 것이라고 믿으면서 매일 진정으로 하나님께 기도 드리라고 아이들을 격려해 주세요.

유치부에 왔어요

➡️ **반가워요**

오늘은 아이들과 악수로 인사를 나누어 봅니다. 마주잡은 아이의 손등에 선생님의 볼을 대어주면서 "우리 ○○이가 오기를 기다렸다."고 이야기합니다. 마주 잡은 아이의 손을 잡고 어린이를 위해 함께 기도합니다.

➡️ **마음 열기**

오늘 성경 이야기를 이해하기 위해 진짜와 가짜에 대한 개념을 미리 알아둘 필요가 있습니다. 플라스틱으로 만든 가짜 과일이나 과일 그림 그리고 진짜 과일을 함께 준비합니다. 아이들에게 진짜와 가짜 중 어느 쪽을 택하겠느냐고 묻고 어떻게 다른지 이야기를 나눈 후, 오늘 이야기는 진짜와 가짜에 관한 이야기라고 설명해 줍니다. (생화와 조화의 대비도 좋습니다.)

예배 드려요

➡️ **찬 양**

하나님이 우리 찬양을 들으실까요? 하나님은 항상 우리에게 귀기울이고 계시다고 말해 주세요.

- 나와 같은 어린아이도 (ⓒ)

  나와 같은 어린아이도 할 수 있어요   하나님이 기뻐하는 일 할 수 있어요

  기도하는 일 나도 할 수 있어요   나와 같은 어린아이도 할 수 있어요

- 두눈을 꼭 감고 (Ⓑ)
- 소중한 시간 (Ⓕ)
- 성령충만을 받고서 (ⓒ) - 기도대장 할래요~

> **선생님, 잠깐만요!**
>
> 큰 목소리로 찬양해야만 하나님이 들으실까요? 이런 이야기들은 우리 하나님에 대한 잘못된 이해를 가지게 할 수도 있습니다. 모든 아이가 마음과 정성으로 찬양할 수 있도록 도와주세요.

➡️ **기 도**

하나님 아버지! 우리가 말씀을 배우고 순종하기 위해 이 자리에 모였어요. 하나님께 예배 드릴 때 참 기뻐요. 예수님 이름으로 기도합니다. 아멘

하나님께 이야기하는 방법에는 어떤 것이 있는지 생각해 보라고 합니다. 잠시 생각할 시간을 준 후 기도가 하나님과 대화하는 하나의 좋은 방법이라고 말합니다. 아이들에게 함께 기도하고 싶은 내용이 무엇인지 물어봅니다(기도 제목을 적어두세요). 또 무엇 때문에 슬프고, 무엇 때문에 행복한지 물어본 후 하나님도 이런 것들을 알고 싶으실 것이라고 말합니다. 서로 손을 잡고 우리가 기도할 때마다 항상 들어주시는 하나님께 감사 기도를 합니다. 이때 아이들이 앞에 말한 기도 제목을 빠뜨리지 않고 포함시킵니다.

➡ 성경 봉독

이것은 성경. (두 손을 모읍니다.)　　　　　활짝 펴요. (책을 펴듯이 펼칩니다.)

열왕기상 18장 37-39절 말씀. 여호와여, 내게 응답해 주십시오. 오, 여호와여 응답하셔서 주는 여호와 하나님이시며 주께서 그들의 마음을 돌이키게 하시는 분임을 이 백성들이 알게 해 주십시오.” 그러자 여호와의 불이 내려와 번제물과 나뭇가지와 돌과 흙을 태웠고 구덩이에 고인 물마저 다 말라 버렸습니다. 온 백성들이 이것을 보자 엎드려 소리쳤습니다. “여호와, 그분이 하나님이시다. 여호와, 그분이 하나님이시다.”

➡ 들어가기

설교자는 이야기용 모자를 쓰고 배낭을 메고 말씀 듣는 장소에 모두 자리 잡은 후 배낭에서 성경을 꺼내 표시해 둔 부분을 펼칩니다(열왕기상 18장 16-39절). 그리고 엘리야의 이야기가 성경 어느 부분에 있는지 아이들에게 보여줍니다.

➡ 성경 이야기

갈색이나 초록색 천을 깔아 무대 배경으로 삼고 엘리야와 등장인물들을 꺼내 이야기를 들려줄 준비를 합니다. 아이들에게 그곳을 갈멜산 꼭대기로 상상하면서 이야기를 들으라고 합니다. 이곳에서 엄청난 일이 일어날 것이며, 아이들은 자신의 눈으로 그것을 보기 위해 모여 있는 것이라고 이야기합니다. (갈색이나 초록색 천이 없으면 소포 포장 종이를 이용해도 됩니다. 또는 라합의 이야기 때 사용했던 긴 줄로 바닥에 커다란 동그라미를 만든 후 그 안이 ‘갈멜산’이라고 합니다.)

엘리야는 하나님의 선지자였어요.(엘리야를 중앙에 놓는다.) 엘리야는 온 마음으로 하나님을 사랑했어요. 그는 매일 하나님께 이야기하고 하나님의 말씀을 들었으며, 하나님께 순종하기 위해 노력했지요. 하나님은 엘리야에게 정말 중요한 일을 맡기셨는데, 다른 사람들에게 우리 여호와가 정말 살아있는 하나님이심을 말하는 것이었어요! 하지만 하나님의 백성들은 엘리야의 말을 듣지 않았어요. 하나님 백성의 통치자인 아합 왕조차 우리 위대한 하나님에 대한 엘리야의 말을 듣고도 믿지 않았어요. (아합을 엘리야 맞은편에 놓는다.)

아합은 엘리야에게 “엘리야, 너는 정말 우리 이스라엘을 괴롭히는 사람이야.”라고 소리쳤어요. 엘리야는 화가 나서 아합에게 말했어요. “아합왕이여, 당신이야말로 이스라엘을 괴롭히는 사람이요. 당신은 이스라엘의 왕이면서 하나님을 믿지도 않고 하나님께 기도 드리지도 않습니다. 게다가 가짜 신인 바알을 믿고 있고요. 이제 누가 진짜 하나님인지 알아보아야겠으니 백성들을 모두 갈멜산으로 모이도록 하십시오.”

(군중을 올려놓는다.) 사람들이 산에 모두 모이자 엘리야는 큰 소리로 말했어요. “오늘 여러분들은 결정해야 합니다! 여호와가 하나님이면 여호와를 따르고, 바알이 하나님이면 바알을 섬기십시오.”

백성들이 무슨 생각을 했을지 궁금하지 않아요? “엘리야가 무슨 일을 할까? 누가 진짜 하나님인지 어떻게 알 수 있지?" 이렇게 생각하지 않았을까요? 모두 긴장해서 한 마디도, 속삭이는 소리조차 들리지 않았어요. 사람들은 꼼짝 않고 무슨 일이 일어날지 지켜보았어요.

그때 엘리야가 말했습니다. "하나는 진짜 하나님을 위해, 하나는 바알을 위해 두 개의 제단을 만들어, 그 위에 나무를 쌓읍시다. 바알 선지자는 나무를 태울 불을 보내달라고 바알에게 기도하고 나는 여호와께 기도할 것입니다. 불을 보내는 신, 그분이 진짜 하나님이십니다!" 사람들은 서로 바라보며 고개를 끄덕였지요. "맞아! 그거야말로 아주 좋은 생각이야."

거짓 신 바알을 믿었던 선지자가 먼저 시작했어요.(바알 선지자를 올려놓는다.) 그들은 열심히 제단을 만들고 나무를 쌓았습니다.(바알의 제단을 올린다.) 그리고 그들의 신에게 부르짖기 시작했어요. "바알, 오 바알, 불을 보내 주소서!" 아침 내내 부르짖었지만 아무 일도 일어나지 않았어요. 그들은 제단 주위를 돌며 춤추었지만 불은 오지 않았어요. 그들은 바알에게 기도하고 또 기도했지만, 조그만 불꽃도 일지 않았답니다.

점심때쯤 엘리야는 바알을 따르는 무리를 조롱하기 시작합니다. "더 크게 소리를 질러보시오. 들리지 않아서 그런지도 모르지 않소. 아니면 바알이 너무 바쁘거나 여행을 갔을지도 모르지. 아마 잠자고 있을지도 모르니 더 크게 소리쳐 보시오. 바알의 무리들이여!"

오후 내내 바알 제단을 돌며 춤추면서 불을 달라고 했던 사람들은 마침내 아무 일도 일어나지 않은 채 지쳐 버리고 말았어요.

저녁이 되자 엘리야가 사람들에게 "가까이 오라."고 말합니다. 모든 사람들은 엘리야가 하나님의 제단을 만드는 것을 지켜보았습니다. 그는 12개의 돌을 모아 단을 쌓고 그 위에 나무를 올려놓았습니다. (안에 불을 접어 넣은 제단을 올려놓는다.) 모든 것이 준비됐을 때 엘리야는 이상한 행동을 했어요. 커다란 항아리에 든 물을 12항아리나 나무 위에 퍼부은 거예요.(항아리로 엘리야의 행동을 보여준다.)

백성들은 그것에 대해 어떻게 생각했을까요? (아이들에게 대답할 시간을 준다.) 사람들은 웃으면서 고개를 저었어요. "젖은 나무는 절대 불이 붙지 않아!"라고 생각했지요.

그리고 엘리야는 기도하기 시작했어요. 엘리야는 우리 하나님, 진짜 하나님은 무슨 일이든 하실 수 있다는 것을 알았기 때문에 젖은 나무에 대해 걱정하지 않았어요. "하나님 아버지, 당신이 정말 우리 하나님이라는 것을 이 백성들이 알도록 불을 보내주소서." 사람들은 모두 기다렸어요.

그때였어요. 하나님의 불이 제단에 떨어져 모든 것을 태웠어요! 하나님이 엘리야의 기도에 응답하신 거예요. (제단 그림 안쪽에서 불꽃을 꺼낸다.) 그 불은 젖은 나무와 젖은 돌들, 제단 밑의 흙, 주위의 물까지 태워버렸어요. (제단을 구겨서 작은 뭉치로 만든다.) 남은 것은 아직도 활활 타오르는 잿더미뿐이었어요.

그래서 백성들은 알게 되었지요. 그들은 우리 하나님이 진짜 하나님이라는 사실을 확실히 알게 되었어요. 모두 "여호와는 하나님이시다! 여호와는 하나님이시다!"라고 외치기 시작했지요.

그래요. 엘리야의 하나님이 참 하나님이십니다. 우리 하나님만이 우리의 기도를 들으시고 응답하시는 참 하나님이십니다.

우리 반에 모여요

➡️ **출석 확인**

아이들이 자신의 출석표에 표시하도록 시간을 주십시오. (스티커를 나눠주는 것도 좋은 방법입니다.)

➡️ **이야기 나누기**

하나님의 말씀을 다시 한 번 생각하며 이해하도록 돕는 질문들입니다. 이 질문들을 어린이들과 나누면서 어린이들 스스로 말씀을 생각하고 느끼게 합니다.

• 바알의 제단에는 어떤 일이 일어났나요?

• 엘리야는 기도하기 전에 하나님의 제단에 어떻게 했나요?

• 바알의 선지자와 엘리야의 기도하는 모습은 어떻게 달랐나요?

• 엘리야의 기도는 응답되었나요?

• 진짜 하나님은 누구인가요?

• 하나님이 주신 계명을 기억해 보세요. 거짓 신을 섬기는 것에 대해 어떤 계명을 주셨나요?

• 엘리야를 지켜보던 사람들은 어떤 반응을 보였을까요?

➡️ **소그룹 활동**

1. 우리 하나님은 진짜 하나님!(색종이 찢기)

■ 활동목표 : 하나님이 진짜 하나님이심을 알고 선포합니다.

■ 준비물 : 교회학교용 교재 15쪽, 풀, 색종이 2장, 31쪽 불 그림

■ 활동방법 : 1) 불꽃을 나타낼 색종이 가운데에 가위집을 내어 가장 자리만 풀칠을 한 후에 여러 겹을 겹쳐 붙입니다.

2) 1)번의 색종이를 교회학교용 교재 15쪽의 제단 그림 위에 붙입니다.

3) 색종이를 찢어 불꽃 모양을 완성합니다.

4) 제단 위에 31쪽 '우리 하나님은 진짜 하나님'이라 적힌 불꽃 그림을 붙이며 소리 내어 외칩니다.

 우리 하나님은 진짜하나님!

2. 연극(동극)

■ 활동목표 : 아이들과 함께 갈멜산의 엘리야 이야기를 연극으로 꾸며봅니다.

■ 준비물 : 벽돌, 작은 물 항아리, 왕관, 엘리야의 가운, 불을 나타낼 빨간색이나 오렌지색 천

■ 활동방법 : 1) 벽돌로 두 개의 제단을 만들게 한 후 엘리야의 제단에 물을 붓는 시늉을 합니다.

2) 엘리야의 기도에 하나님이 얼마나 극적으로 응답하셨는지 직접 느껴봅니다.

3. 기도제목 나누고 기도하기

■ 활동목표 : 하나님께서 우리의 기도를 듣고 응답하심을 압니다.

■ 활동방법 : 1) 어린이 각각의 기도 제목이나 소망을 들어봅니다.

2) 어린이 중 기도 할 수 있는 어린이가 돌아가며 기도 하거나 선생님이 기도합니다.

➡ 간 식

가짜 음식(플라스틱 과일 또는 과자나 음식 그림)과 진짜 음식을 함께 준비합니다. 아이들에게 가짜와 진짜 중 어느 쪽을 택하겠느냐고 묻고 어떻게 다른지 이야기를 나눈 후 진짜 간식을 먹습니다. 간식을 먹으면서 우리 하나님은 살아계신 진짜 하나님이라고 다시 한 번 확인시킵니다.

선생님, 잠깐만요!

오늘 반별 모임 시간에는 친구들 앞에서 기도해 보지 않은 아이들에게 간단한 기도문을 가르쳐 주어서 대표 기도를 할 수 있는 기회를 줘 보세요. "하나님 아버지, 감사합니다. 하나님을 사랑합니다. 예수님의 이름으로 기도합니다. 아멘" 어린이들에게도 자신의 믿음을 입술로 고백해보는 것이 필요합니다.

 다함께 모여요

1. 함께 외쳐요

■ 활동목표 : "여호와는 하나님이시다!"를 직접 선포해 봅니다.

■ 활동방법 : 1) 엘리야 그림을 들 때마다 "여호와는 하나님이시다!"라고 외치기로 약속을 합니다.

2) 아이들이 말해야 할 부분에서는 잠시 멈추고 엘리야 그림을 들어 표시합니다.

엘리야는 하나님 말씀을 전하는 선지자예요.	(엘리야 그림)	여호와는 하나님이시다!
"아합왕이여! 바알은 가짜 신이요."	(엘리야 그림)	여호와는 하나님이시다!
모든 사람들아, 갈멜산에 모여라!	(엘리야 그림)	여호와는 하나님이시다!
바알은 가짜 신이다!	(엘리야 그림)	여호와는 하나님이시다!
바알에게 열심히 기도했지만 불은 내리지 않았어요.	(엘리야 그림)	여호와는 하나님이시다!
엘리야는 하나님께 기도했어요. "불을 내려주세요."	(엘리야 그림)	여호와는 하나님이시다!
(진지하면서도 호기심 가득한 목소리로) 하나님의 불이~		
(고조된 목소리로 천천히~ 천천히~) 제단을~ ~		
(아주 고조된 승리의 목소리로!) 태웠어요!	(엘리야 그림)	여호와는 하나님이시다!
		(환호하듯 만세를 하며)

(모두 박수 짝– 짝– 짝–)

아이들이 "여호와는 하나님이시다!" 라고 외칠 때 하나님께서 정말 기뻐하시겠죠?

2. 마음에 새겨요

회상하기 질문을 통해 아이들은 오늘 배운 성경 말씀을 삶 속에서 적용할 수 있도록 도움 받을 수 있답니다.

- 바알 신과 하나님의 다른 점은 무엇인가요?
- 엘리야가 기도했을 때 무슨 일이 일어났나요?

기도) 우리의 기도를 들으시고 응답하시는 하나님 참 감사합니다. 하나님만이 우리 하나님이심을 알고 순종하기 원해요. 예수님의 이름으로 기도합니다. 아멘.

➡ 광 고

가정용 교재로 오늘 배운 성경 이야기를 집에서 복습하도록 광고해 주십시오.

4. 마침 인사

마치는 노래를 부르며 집으로 돌아갑니다.

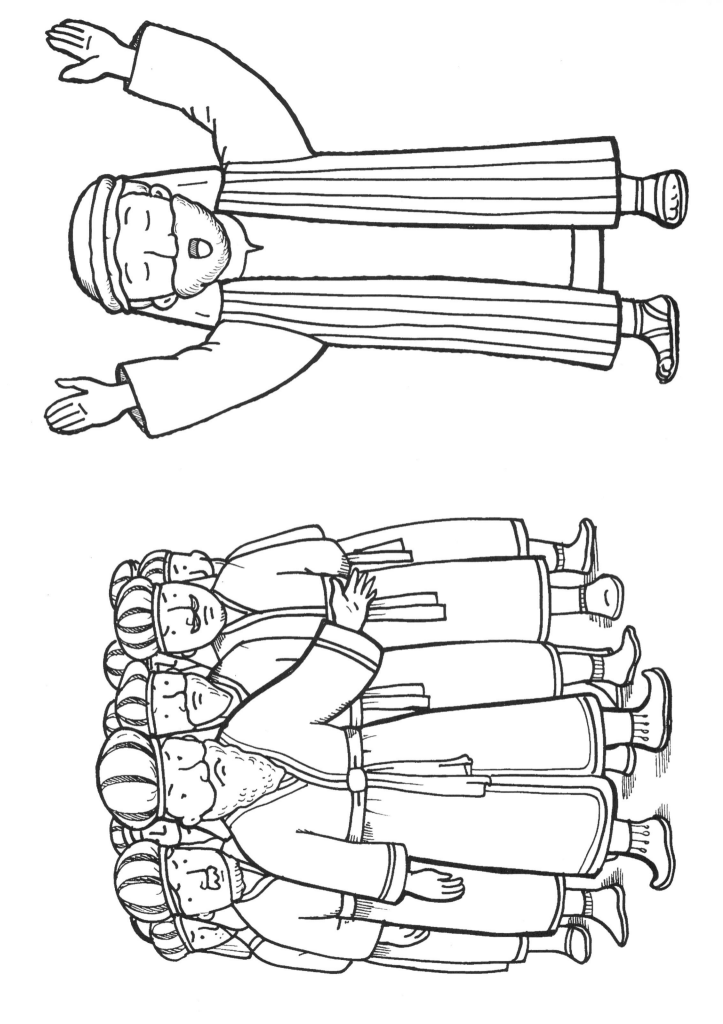

7 하나님은 나아만을 치료하셨어요

성 경	열왕기하 5장 1-16절
암 송	우리가 사랑함은 그가 먼저 우리를 사랑하셨음이라. (요한1서 4:19)
포인트	나아만은 하나님께 순종했고 하나님은 그의 한센병(문둥병)을 치료해 주셨어요.

◻ 이 과의 목표

믿음의 성숙 (교사와 어린이)

• 하나님을 사랑하고 그분께 순종하기 원합니다.

• 하나님은 우리가 회복되기를 원하신다는 것을 깨닫습니다.

• 우리를 치료하시는 하나님의 능력을 찬양합니다..

성경에 대한 이해 (어린이)

• 엘리사의 지시를 들었을 때 나아만이 어떻게 느꼈을지 생각해 봅니다.

• 하나님께 순종하고 고침 받았을 때, 나아만이 어떻게 느꼈는지 상상해 봅니다.

• 나아만의 병을 고친 분은 누구이신지 말할 수 있습니다.

• 오늘 성경 이야기 속에 하나님이 병을 고쳐준 사람이 누구인지 말할 수 있습니다.

믿음의 본보기 (교사)

선생님께서 하나님의 치유하시는 능력에 관해 삶 속에서 체험한 일이 있다면 아이들과 나누세요.

◻ 한눈에 보는 오늘의 예배

순 서	소요시간	활동계획
유치부에 왔어요	예배 전	반가워요 · 마음 열기
예배드려요	35-40분	찬양 · 기도 성경 봉독 · 성경 이야기
우리 반에 모여요	15-20분	출석 확인 · 이야기나누기 소그룹 놀이 활동(나아만의 표정책 / 병문안 가기 중 택일)
다함께 모여요	10분	대그룹 놀이 활동(나아만 나아만 뭐하니) 마음에 새겨요 · 광고 · 마침 인사

＊ 위의 순서는 각 교회학교의 사정에 따라 다르게 진행될 수 있습니다.

◙ 이 과를 준비하는 선생님들께

오늘 공부할 나아만에 관한 이야기는 하나님의 치유하시는 능력이 언약의 백성 이스라엘 뿐 아니라 적군의 우두머리에까지 이르렀음을 보여줍니다. 이것은 절망과 희망, 자만심과 감사, 왕의 무력함과 하나님의 선지자가 보여주는 능력이 대조를 이루는 흥미진진한 이야기입니다.

이 이야기는 아람 왕의 군대 장관 나아만에 대한 소개로 시작됩니다. 그는 유능하고 힘 있는 사람으로 가족이나 하인들로부터 존경과 사랑을 받았습니다. 성경에 의하면 하나님이 나아만을 사용하여 아람 왕이 승리하게 하였다고 합니다. 하나님을 섬기는 사람들 뿐 아니라 섬기지 않는 백성과 왕들의 삶도 하나님이 결정하고 통치하신다는 사실을 기억해야 합니다.

나아만은 한센병(나병)에 걸려 있었습니다. 한센병은 그 시대에는 오늘날 AIDS와 같은 불치병으로 알려져 있는 병으로, 살이 문드러지고 고름이 흐르는 등의 끔찍한 증상과 비참한 모습으로 죽음을 맞게 되기 때문에 공포와 절망의 대상이었습니다.

이때 이스라엘에서 사로잡혀 와서 나아만 아내의 종이 된 어린 여자아이가 한 가지 제안을 합니다. 나아만이 사마리아에 있는 선지자를 찾아가기만 해도 병이 치료될 것이라는 말이었습니다. 그들이 알기로는 아무도 이 병을 치료할 수 있는 사람이 없는데, 이 아이는 확신에 찬 목소리로 하나님의 선지자는 그렇게 할 수 있다고 말했습니다. 나아만은 아람 왕이 이스라엘 왕에게 보내는, "내가 신임하는 장군의 병을 고쳐 달라."는 편지를 가지고 떠납니다. 나아만은 치료에 대한 대가로 줄 수많은 돈과 옷감을 가지고 선지자의 집을 찾았습니다. 그것은 당시 부유하고 권세 있는 사람들의 방식이었습니다.

그러나 엘리사는 그를 만나러 나오지 조차 않았습니다. 그는 "가서 씻어라… 그러면 깨끗해질 것이다."라고 짤막하게 말합니다. 나아만은 엘리사의 불손한 태도뿐 아니라 굴욕적인 치료법 때문에도 화가 났을 것입니다. 선지자의 말이 "너는 별로 깨끗하지 않아. 씻어라 그러면 나을 것이야." 라고 하는 것처럼 들렸을 테니까요. 나아만은 마술 같은 일을 기대했을 것입니다. 그는 엘리사가 하나님으로부터 받아서 그에게 준 약속, "가서 씻어라… 그러면 깨끗해질 것이다."라는 말의 중요성을 깨닫지 못했습니다.

우리는 보통 아이들이 자신의 믿음에 대해 이야기하는 것에 대해 대단하지 않게 생각합니다. 그러나 이 이야기는 다른 측면을 보여줍니다. 하나님에 대한 아이들의 믿음의 증거 역시 중요하다는 것입니다. 실제로 시편도 "어린아이와 젖먹이의 입으로 말미암아 권능을 세우심이여(시 8:2)"라며 이 사실을 확증합니다.

그러나 하인들의 설득으로 선지자가 지시한 대로 하자 나아만은 깨끗하게 나았습니다. 그의 태도는 이제 완전히 달라졌습니다! 하나님의 선지자 집으로 돌아가서(이제 선지자가 누구인지 깨닫게 되었습니다.) 여호와 하나님 한 분만을 섬기겠다고 선언합니다. 그 당시 신앙관습에 따라 여호와가 이스라엘 땅과 관련이 있다고 생각한 그는 이스라엘 신에게 번제나 다른 제를 드릴 때 쓰겠다며 이스라엘의 흙을 가져갑니다. 나아만은 유일하신 하나님 여호와만을 섬겨야 한다는 사실을 알았습니다.

라합과 마찬가지로 나아만도 이스라엘 백성이 아니면서 이스라엘의 하나님을 높이고 경배하게 된 사람입니다. 여기서 우리는 하나님의 좋으심과 자비하심이 '믿음의 공동체'를 넘어서서 이방인이나 낯선 사람에게까지 미침을 알 수 있습니다. 그리고 하나님에 대한 그들의 사랑과 순종이 어려서부터 하나님을 섬기도록 교육받아온 사람들의 섬김과 순종만큼이나 중요하게 여겨진다는 것을 알 수 있습니다.

이스라엘에서 온 어린 여종이 나아만과 그 가족에 끼친 영향력에 대해 강조하십시오. 그 어린 여종은 하나님과 하나님 선지자의 치유하는 능력에 대해 말하는 것을 두려워하지 않았습니다. 그의 말은 나아만을 치료받게 하였을 뿐 아니라 이스라엘의 하나님까지 믿게 하는 놀라운 결과를 가지고 왔습니다. 우리는 보통 아이들이 자신의 믿음에 대해 이야기하는 것에 대해 대단하지 않게 생각합니다. 그러나 이 이야기는 다른 측면을 보여줍니다. 하나님에 대한 아이들의 믿음의 증거 역시 중요하다는 것입니다. 실제로 시편은 "어린아이와 젖먹이의 입으로 말미암아 권능을 세우심이여(시 8:2)"라는 고백으로 이 사실을 확증합니다.

유치부에 왔어요

➡️ **반가워요**
들어오는 아이의 어깨를 토닥이며 "잘 지냈니? 아프진 않았니?" 하고 물어봅니다. 날씨에 대한 이야기, 물놀이나 수영장의 이야기를 나누는 것도 좋겠습니다.

➡️ **마음 열기**
1. 어린이 성경이나, 나아만 이야기가 들어있는 성경 이야기책을 준비하여 아이들이 미리 볼 수 있도록 합니다.
2. 아토피나 피부병에 관한 책이나 사진을 붙여둡니다. 어린이들 서로 자신이 겪은 피부병에 관련된 경험, 모기에 물린 경험 등에 대한 이야기를 나눌 수 있도록 합니다.

예배 드려요

➡️ **찬 양**
• 위대하고 강하신 주님

➡️ **기 도**
하나님 아버지! 우리가 말씀을 배우고 순종하기 위해 이 자리에 모였어요. 하나님께 예배 드릴 때 참 기뻐요. 예수님 이름으로 기도합니다. 아멘

➡️ **성경 봉독**
이것은 성경. (두 손을 모읍니다.)　　　　활짝 펴요. (책을 펴듯이 펼칩니다.)
열왕기하 5장 15절 말씀.　그러자 나아만과 그의 모든 수행원들이 하나님의 사람에게 다시 돌아갔습니다. 나아만이 하나님의 사람 앞에 서서 말했습니다. "이제야 내가 이스라엘 외에 다른 어디에도 하나님이 계시지 않음을 알게 됐습니다. 당신의 종이 드리는 이 선물을 받아주시기 바랍니다."

▶ 들어가기

이야기용 모자를 쓰고 배낭을 멘 후 아이들을 이끌어 말씀 듣는 자리로 가게 합니다. 배낭에서 성경을 꺼내 표시한 부분을 펼치게 합니다.(왕하 5:1-16)

▶ 성경 이야기

이야기 그림을 이용해 나아만 이야기를 들려주면서 아이들이 그림을 감상하며 그 내용을 해석할 수 있도록 충분한 시간을 줍니다.

나아만의 피부는 상처로 가득했고 너무 고통스러웠지요.

그 땅의 의사는 아무도 그를 고쳐줄 수가 없었어요.

아무도 고쳐줄 수 없을 것 같을 때 나아만의 기분은 어땠을까요? (슬픈 나아만)

그러나 나아만의 어린 종은 말했어요.

"나는 하나님이 하실 수 있다는 것을 알아요. 빨리 엘리사에게 가세요.

그러면 하나님이 당신을 치료해주실 거예요."

우리의 위대한 하나님이 그를 치료해줄 수 있다고 했을 때 나아만의 기분은 어땠을까요? (기쁜 나아만)

엘리사는 이 병들고 고통 받는 사람에게 이렇게 지시했어요.

"강물에 일곱 번 몸을 담그라. 그것으로 하나님이 치료하실 것이라."

더러운 요르단 강물에서 씻으라고 엘리사가 말했을 때 나아만은 어떻게 느꼈을까요? (슬픈 나아만)

그래요. 나아만은 원하지 않았어요.

"난 안 할 거야!"

그는 소리 질렀어요. 그러나 나아만의 하인들이 "한번 해보기라도 하세요."라고 사정했어요.

하인들이 엘리사의 말에 순종하라고 애걸할 때 나아만의 기분이 어떠했을까요? (슬픈 나아만)

나아만은 물가로 내려가서 조금씩 걸어 들어갔어요. 그리고 천천히 조심스럽게 물을 적셨지요. 하나, 둘, 셋, 넷, 다섯, 여섯, 일곱. 차갑고 더러운 물 속에 서서 나아만 기분은 어땠을까요? (슬픈 나아만)

그런데 그 순간 치유가 시작되었고, 나아만은 하나님의 능력을 느꼈어요. 바로 그 시간 하나님의 치유하시는 손이 그에게 닿았어요. 자신이 치유되는 것을 지켜보면서 나아만의 기분이 어떠했을까요? (기쁜 나아만)

엘리사에게 뛰어가서 말했어요.

"얼마나 기쁜지 몰라요! 내 피부는 다시 깨끗하고 부드러워졌어요. 당신의 하나님이 정말 살아 계시다는 것을 알게 되었어요."

나아만은 우리 위대한 하나님께 기쁨으로 소리치며 감사드렸답니다.(기쁜 나아만)

성경이야기를 마무리하면서 유치부 아이 중 아픈 아이가 있는지, 또 가족 중 아픈 사람이 있는지 물어보고 있다면 곧바로 시간을 내서 함께 기도합니다. 누군가 아프거나 고통스러울 때 하나님은 언제나 돌보신다는 것과 우리가 아픈 친구들을 위해 기도할 때 하나님이 들으신다는 것을 알게 합니다.

> **선생님, 잠깐만요!**
> 이야기가 끝나면 그림을 한꺼번에 꺼내 놓아 아이들이 전체 이야기를 다시 보게 합니다. 그림을 뒤섞어 놓은 후 아이들로 하여금 이야기 순서대로 늘어놓게 하는 것도 복습에 도움이 됩니다.

우리 반에 모여요

➡️ **출석 확인**

아이들이 자신의 출석표에 표시하도록 시간을 주십시오. (스티커를 나눠주는 것도 좋은 방법입니다.)

➡️ **이야기 나누기**

하나님의 말씀을 다시 한 번 생각하며 이해하도록 돕는 질문들입니다. 이 질문들을 어린이들과 나누면서 어린이들 스스로 말씀을 생각하고 느끼게 합니다.

• 나아만의 병은 누가 치료해주셨나요?

• 엘리사는 나아만에게 어떻게 하라고 했나요?

• 병이 나은 나아만은 무슨 말을 했을까요?

• 우리 주위에 있는 아픈 사람을 위해 어떻게 하면 좋을까요?

하나님의 치유가 필요한 사람에 대해 미리 생각해 둡니다. 아이들의 가족이나 교회 성도, 혹은 우리 반에 아픈 아이가 있을 수도 있습니다. 아이들에게 아픈 사람을 소개할 사진 같은 것을 미리 준비해도 좋습니다. 아이들과 아픈 사람에 대해 이야기하고 어떻게 그를 도울 수 있을지 아이들에게 묻습니다. 모두에게 생각할 시간을 준 후 아이들의 생각을 정중하게 받아들입니다. 아픈 사람을 위해 중보 기도하는 것도 좋습니다.

➡️ **소그룹 활동**

1. 나는 나아만, 지금 내 마음은? (표정 찾기)

■ 활동목표 : 나아만의 마음을 느껴 보며 순종의 기쁨을 압니다.

■ 준비물 : 교회학교용 교재 16쪽, 풀 또는 투명테이프, 가위

■ 활동방법 : 1) 교회학교용 교재 29쪽의 표정 그림을 오려 접어서 책을 만들고 나아만 이야기의 가운데에 붙입니다.

   2) 나아만 이야기와 알맞은 표정을 찾아 순종의 기쁨을 느껴 봅니다.

 여호와 라파! (치료하시는 하나님!)

2. 병문안 카드 만들기

■ 활동목표 : 아픈 사람의 마음을 위로하시는 하나님의 마음을 깨닫습니다.

■ 준비물 : 카드 만들 종이, 크레용과 사인펜, 스티커, 예쁜 그림

■ 활동방법 : 1) 성경공부 시작할 때 이야기했던 아픈 사람에게 병
문안 카드를 함께 만들어 보내자고 합니다.

2) 아이들에게 그림을 그리거나 짧은 글을 적어 넣어
카드를 꾸미게 한 후 자신의 이름을 적게 합니다.

3) 이번 주 안에 아픈 사람에게 보내겠다고 아이들에
게 약속합니다.

4) 아픈 사람을 위해 기도합니다.

5) 오늘의 주제를 일깨우기 위해 반창고 위에 "하나
님은 나를 돌보신다!"라고 써서 아이들 손 등에
붙여 줍니다.

6) 아이들이 만든 카드를 모아 커다란 봉투에 담은
후 주소를 적어 교회 사무실이나 우편을 통해 전
달합니다.

> **선생님, 잠깐만요!**
>
> 하나님이 우리를 치료하실 때 의사와 간호사, 약, 그
> 리고 주사까지 사용한다는 사실을 아이들에게 이야
> 기해 주세요. 우리가 아프거나 고통 중에 있을 때 하
> 나님은 우리를 보호하시고, 우리가 회복되기를 원하
> 신다는 사실을 모두에게 알려주세요. 치료받지 못하
> 는 사람에 대해 아이들이 묻는 일은 별로 없지만, 우
> 리가 아플 때나 혹은 죽을 때조차 하나님은 우리 곁
> 을 떠나지 않으실 것이라는 사실도 상기시켜 주세요.

▶ **간 식**

아이들의 영양을 고려한 간식을 준비합니다.

 다함께 모여요

1. 여우야, 여우야 놀이 운율에 맞춰서

운율에 맞춰 '여우야, 여우야 뭐하니?'를 함께 해 보고 나아만 장군의 이야기로 개사하여 놀이합니다.

나아만 장군님 뭐해~요?(양손을 펼쳐서 입에다 대고)　　　씻는다.(씻는 시늉)

어디서?(양손을 펼쳐서 입에다 대고)　　　요단강에서(손으로 강물 표현)

나았니? 안 나았니? (양손을 펼쳐서 입에다 대고)　　　안 나았다!(손으로 X를 만들며)

('나았니? 안 나았니?' 를 여섯 번 물어본다.)

(일곱 번째 물어보면 모두가 소리친다.)　　　나았다!(만세하며)

하나님의 치유하시는 능력에 대해 아이들과 이야기하면서 오늘의 시간을 마무리합니다. 하나님의 치료가 필요한 사람을 다시 언급하면서 집에 돌아가서도 그 사람을 위해 기도하자고 합니다

2. 마음에 새겨요

회상하기 질문을 통해 아이들은 오늘 배운 성경 말씀을 삶 속에서 적용할 수 있도록 도움 받을 수 있답니다.

- 어린 종은 아픈 나아만에게 어떻게 하라고 했나요?
- 나아만의 병은 어떻게 해서 낫게 되었나요?
- 내가 아플 때나 아는 사람이 아플 때 나는 어떻게 해야 하나요?

기도) 우리의 기도를 들으시고 치유하시는 하나님, 참 감사합니다. 하나님을 사랑하고 늘 순종하기 원해요. 예수님의 이름으로 기도합니다. 아멘.

➡ **광 고**

가정용 교재로 오늘 배운 성경 이야기를 집에서 복습하도록 광고해 주십시오.

4. 마침 인사

마치는 노래를 부르며 집으로 돌아갑니다.

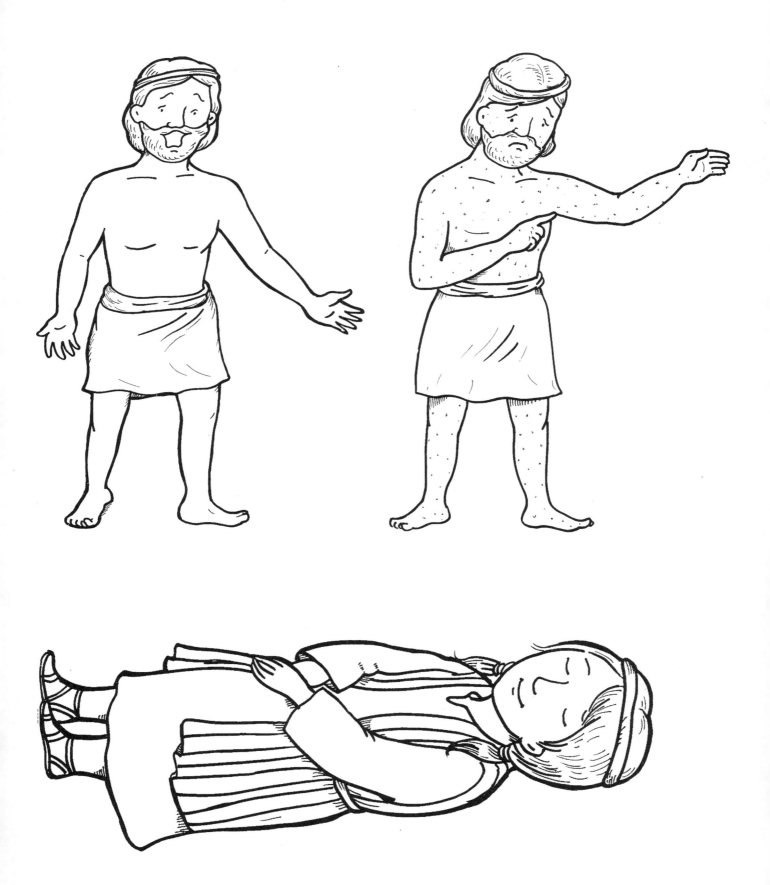

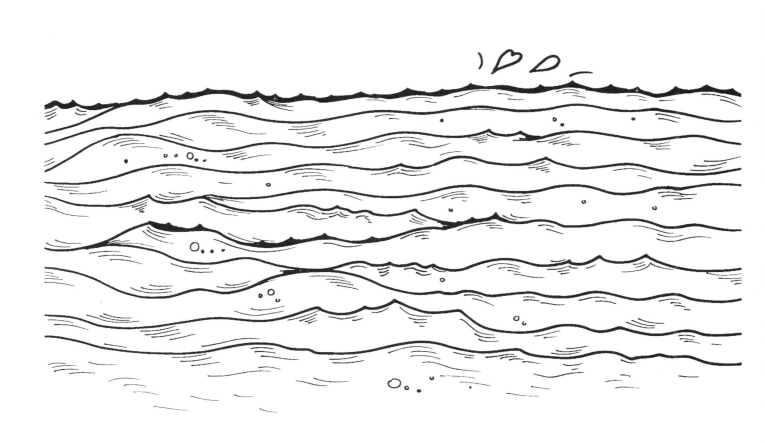

8 요나는 하나님께 불순종했어요

성 경	요나서 1장
암 송	우리가 사랑함은 그가 먼저 우리를 사랑하셨음이라. (요한1서 4:19)
포인트	우리가 순종하지 않을 때 하나님은 슬퍼하세요.

◎ 이 과의 목표

믿음의 성숙 (교사와 어린이)

• 우리의 불순종에 대해 하나님이 슬퍼하신다는 것을 압니다.

• 하나님이 때로는 우리가 원치 않는 일을 요구하실 때가 있다는 것을 깨닫습니다.

• 하나님을 사랑하고 그분께 순종하기를 원합니다.

성경에 대한 이해 (어린이)

• 하나님이 왜 요나에 대해 슬퍼하셨는지 말해봅니다.

• 큰 물고기 뱃속에 있을 때 요나가 무엇을 생각하고 느꼈을지 상상해 봅니다.

• 우리가 어떤 때 하나님께 순종하기 어려운지 말해봅니다.

믿음의 본보기 (교사)

하나님의 말씀을 듣고 순종하고자 하는 선생님의 바램을 아이들과 나눕니다.

◎ 한눈에 보는 오늘의 예배

순 서	소요시간	활동계획
유치부에 왔어요	예배 전	반가워요 · 마음 열기
예배드려요	35 – 40분	찬양 · 기도 성경 봉독 · 성경 이야기
우리 반에 모여요	15 – 20분	출석 확인 · 이야기나누기 소그룹 놀이 활동(요나 인형 만들기 / 순종 윷놀이 중 택일)
다함께 모여요	10분	대그룹 놀이 활동(요나찾기 / 요나처럼 하기) 마음에 새겨요 · 광고 · 마침 인사

* 위의 순서는 각 교회학교의 사정에 따라 다르게 진행될 수 있습니다.

▣ 이 과를 준비하는 선생님들께

요나서가 구약의 한 부분으로 남아있는 것은 놀라운 일입니다. 요나는 완고하고, 제멋대로에 이기적이고, 은혜를 모르고, 무례하며 동정심이라고는 없는 인물이었습니다. 그러나 하나님의 영은 유대 백성들이 요나서를 하나님이 그들에게 전하는 메시지가 담긴 예언의 책으로 받아들이게 했습니다.

요나는 선지자입니다.(왕하 14:25 참조) 그는 이스라엘 최대의 적이자 압제자인 니느웨를 향해 설교하라는 특별한 임무를 하나님으로부터 받습니다. 하나님이 그 성을 파괴할 것이라고 니느웨 사람들에게 경고하는 것이었습니다. 이렇게 경고하면 사람들이 회개해서 하나님이 니느웨를 파괴하지 않으실지도 모른다는 사실을 요나는 알았습니다. 하나님이 은혜로우시고 자비로우시고 노하기를 더디 하시고, 사랑이 많으시기에 이런 경고를 통해 재난을 피하게 하시려 한다는 것을 요나는 알았던 것입니다.(욘 4:2) 이스라엘의 적을 이롭게 하고 싶지 않다는 민족애로 인해 그는 하나님으로부터 도망치려 했던 것입니다.

요나가 하나님께 불순종했을 뿐 아니라 가능하지도 않은 일, 즉 하나님께로부터 도망치려했다는 사실을 아이들에게 분명히 설명해 주세요. 그리고 하나님이 계시지 않은 곳, 하나님이 보거나 듣지 못하는 곳은 어디에도 없다는 사실 또한 아이들에게 분명히 설명해줍니다. 우리가 하나님께로부터 도망갈 수 있는 방법은 없습니다. (시 139:7 참조)

요나가 하나님께 불순종했을 뿐 아니라 가능하지도 않은 일, 즉 하나님께로부터 도망치려했다는 사실을 아이들에게 분명히 설명해 주세요. 그리고 하나님이 계시지 않은 곳, 하나님이 보거나 듣지 못하는 곳은 어디에도 없다는 사실 또한 아이들에게 분명히 설명해줍니다. 우리가 하나님께로부터 도망갈 수 있는 방법은 없습니다. (시 139:7 참조)

이 이야기는 전능하신 하나님께 불순종하는 게 얼마나 위험한지 아이들에게 강한 메시지를 던집니다. 그러나 하나님이 얼마나 무서운 분인지 만을 전달하지 않도록 주의하십시오. 뱃사람이나 요나에게 보이신 하나님의 자비 역시 이 이야기의 중심이 되는 메시지입니다. 실제 요나가 고백한 대로 "은혜로우시고 자비하시며, 노하기를 더디 하시고, 사랑이 많으신" 하나님을 우리는 섬기고 있는 것입니다.

요나 이야기는 극적으로 펼쳐집니다. 하나님이 커다란 폭풍을 보내 배를 부숴 버리려 하자 뱃사람들은 심히 두려워하며 각자의 신에게 기도하고, 선장은 아이러니컬하게도 요나를 깨워 그들을 구해달라고 하나님께 기도하라고 합니다. 여호와가 그들을 살릴 수 있는 유일한 존재일지라도 그것은 불가능하다는 사실을 요나는 분명히 알았습니다. 그 폭풍은 요나가 여호와로부터 도망치려 했기 때문에 생긴 것이니까요.

이야기가 계속되면서 주목할 만한 점들이 눈에 띕니다. 뱃사람들은 요나를 바다에 던져 넣지 않기 위해 최선을 다하는 친절하고 훌륭한 사람들로 그려져 있습니다. 결국 요나를 바다에 던질 수밖에 없을 때도 "죄 없는 사람을 죽인 것에 대해" 벌하시지 않기를 하나님께 기도합니다. (욘 1:14) 요나는 이 뱃사람들에게 "나는 바다와 육지를 지으신 하늘의 하나님 여호와를 경외하는 자"(욘 1:9)라고 확고한 어조로 믿음을 고백했었습니다. 그런데 어떻게 요나가 그런 하나님으로부터 도망칠 수 있다고 생각했는지 이해하기가 어렵습니다.

뱃사람들은 요나를 바다에 던졌고, 바다는 잔잔해졌습니다. 여호와는 커다란 물고기를 준비해두셨는데, 이것 역시 하나님의 존재와 능력을 보여주는 극적인 사건입니다.

요나는 커다란 물고기의 뱃속에서 사흘 낮 사흘 밤을 머문 후, 하나님의 명령으로 물고기가 토해내자 마른땅으로 나오게 됩니다.(욘 2:10) 이것은 요나로 하여금 그 어느 때보다 절실하게 여호와의 능력을 깨닫게 하는 놀라운 경험이었음이 분명합니다. 너무도 강렬한 이 사건을 예수님은 자신이 보여줄 표적에 빗대 "요나가 밤낮 사흘을 큰 물고기 뱃속에 있었던 것같이 인자도 밤낮 사흘을 땅 속에 있으리라."(마 12:40)고 말씀하셨습니다.

이 이야기는 전능하신 하나님께 불순종하는 게 얼마나 위험한지 아이들에게 강한 메시지를 던집니다. 그러나 하나님이 얼마나 무서운 분인지 만을 전달하지 않도록 주의하십시오. 뱃사람이나 요나에게 보이신 하나님의 자비 역시 이 이야기의 중심이 되는 메시지입니다. 실제 요나가 고백한 대로 "은혜로우시고 자비하시며, 노하기를 더디 하시고, 사랑이 많으신" 하나님을 우리는 섬기고 있는 것입니다.

 유치부에 왔어요

▶ **반가워요**

종이 스피커를 만들어, 예배실에 들어오는 어린이의 귀에 대고 작은 소리로 인사합니다. "어서 오세요.", "○○아, 사랑해." 종이 스피커는 요나 이야기가 진행되는 다음 주에도 사용할 것이므로 튼튼하게 제작합니다.

▶ **마음 열기**

1. 아이들이 오기 전 천으로 만든 요나 인형을 방 안 어딘가에 숨겨둡니다. 오늘의 성경 이야기는 요나라고 불리는 사람에 관한 것이라면서, 이야기를 시작하기 전 요나를 찾아야 한다고 말합니다. 아이들이 요나를 찾아내면 다음에 오는 아이들이 찾도록 숨기게 합니다. 여러 번 찾기 놀이를 한 후 배낭 속에 넣습니다. 그리고 아이들에게 잠시 후 요나 이야기를 해주겠다고 약속합니다.

   ※ 아이들이 요나가 숨은 곳을 금방 찾지 못하면, 쉽게 찾을 수 있도록 힌트를 줍니다.

2. 어린이 성경이나 요나 성경이야기 책을 준비해 두면 도움이 됩니다.

▶ **찬 양**

 예배 드려요

• 주님만 생각할래 (ⓖ)

   주님만 생각할래 딴생각은 않을래

   주님만 따라갈래 딴덴가지 않을래

   주님만 따라가면 참된기쁨 있겠네

   주님만 따라가면 면류관을 받겠네

➡ 기 도

하나님 아버지! 우리가 말씀을 배우고 순종하기 위해 이 자리에 모였어요. 하나님께 예배 드릴 때 참 기뻐요. 예수님 이름으로 기도합니다. 아멘

➡ 성경 봉독

이것은 성경. (두 손을 모읍니다.)   활짝 펴요. (책을 펴듯이 펼칩니다.)

요나서 1장 1-3절 말씀. 여호와의 말씀이 아밋대의 아들 요나에게 임해 말씀하셨습니다. "일어나 저 큰 성읍 니느웨로 가서 그 도시에 선포하여라. 이는 그 도시의 죄악이 내 앞에까지 이르렀기 때문이다." 그러나 요나는 여호와로부터 도망쳐 나와 다시스로 향했습니다. 그는 욥바로 내려가서 그곳에서 다시스행 배를 발견했습니다. 그는 뱃삯을 내고 여호와를 피하기 위해 배를 타고 다시스로 향했습니다.

➡ 들어가기

"듣고 순종하기" 게임을 하여 주의 집중시킵니다.(오늘의 주제 '순종' 에 맞춘 것입니다.)
"남자 친구들은 고개를 숙여요."
"청바지를 입은 사람은 두 손을 들어요."
"하얀 양말 신은 사람은 손을 무릎에 올려 보세요."
"안경을 낀 사람은 두 귀를 잡습니다."

모두 자리 잡고 앉으면 배낭에서 요나를 다시 꺼내 아이들에게 그 이름을 기억하느냐고 묻습니다. 성경에서 요나 이야기가 나오는 부분을 보여주고 이야기판을 세운 후 아이들과 함께 이야기 들을 준비를 합니다.

➡ 성경 이야기

옛날 옛날에 요나라는 사람이 있었어요. (이야기 판 중앙에 요나를 놓는다.) 그런데 어느날 하나님이 요나에게 하나님의 일을 맡기셨어요. "요나야. 니느웨의 큰 성읍에 가서 나의 말을 전하여라." 하나님이 말씀하셨지요.

"내가 니느웨 사람들을 지켜봤는데, 그들은 나에게 순종하지 않는구나. 그들은 내 말을 들으려 하지도, 내 법을 따르려고 하지도 않는구나. 그 땅에는 죄가 가득하다. 요나야. 니느웨 사람들이 순종하지 않아서 나는 무척 슬프고 화가 나는구나! 니느웨로 가서, 그 죄를 돌이키지 않으면 내가 심판하겠다는 말을 전하여라." (이야기판 오른쪽 위에 성을 놓는다.)

요나는 하나님의 말씀을 듣고 곰곰이 생각했어요. 그렇지만 요나는 하나님께 순종하고 싶지 않았어요.

"우리를 괴롭히는 니느웨를 위해 하나님의 말씀을 전하라고? 나는 정말 니느웨 사람들이 싫어. 니느웨가 빨리 벌을 받았으면 좋겠어."(요나 인형을 움직이면서 대사를 하세요.) 요나는 니느웨 사람들을 정말 좋아하지 않았거든요. 그는 하나님이 그들의 불순종에 대해 곧장 심판하시기를 바랐어요.

결국 요나 역시 하나님께 불순종하게 되었어요. 하나님의 말씀대로 니느웨에 가는 대신 요나는 다른 길로 갔으니까요! (요나를 이야기판 왼쪽으로 옮겨 놓는다.) 요나가 정말 하나님이나 하나님이 맡기신 일로부터 도망칠 수 있다고 생각했을까요?

요나는 다른 길로 멀리 멀리 도망가기로 했어요. 요나는 바닷가에 가자마자 배를 발견했고, 그 배에 탔어요. (이야

기판 왼쪽에 배를 놓는다.) 커다란 배에서 요나는 숨기 좋은 장소를 찾아냈어요. 배 밑층 어두운 구석이었지요.(배 그림 뒤로 요나를 감춘다.)

요나가 보이나요? 하나님은 요나를 보고 계셨을까요?

맞아요. 요나가 자기가 잘 숨었다고 생각하는 순간에도 하나님은 지켜보고 계셨어요. 배에 있던 사람들도 그가 어디에 있는지 모를 정도로 요나는 정말 잘 숨는 사람이었지만요. 그러나 하나님은 그를 보고 계셨어요. 니느웨 사람들에게 순종하라는 말을 전하지 않으려고 도망치고 숨었다는 것을 하나님은 알고 계셨어요. 요나도 니느웨 사람들처럼 하나님께 순종하지 않았던 거예요!

하나님은 성난 폭풍을 보내 요나가 숨어 있는 장소를 뒤흔들었어요. (배 위에 폭풍 구름을 붙인다.) 바람이 불고 큰 파도가 사방에서 배를 덮쳤어요. 폭풍은 점점 거세게 몰아치고 뱃사람들은 겁에 질렸어요. 그들은 자신들의 거짓 신들을 향해 울부짖었지만, 거짓 신들이 기도에 응답할 수 없었던 것은 당연하겠죠! 뱃사람들은 이제 배를 가볍게 하기 위해 배에 있던 물건을 바다로 던지기 시작했어요. 그러나 그것도 별로 소용없었어요.

그때 선장이 숨어서 자고 있던 요나를 발견하고 "이렇게 폭풍이 심한데 어떻게 잘 수 있어요? 요나, 이제 당신이 믿는 하나님께 기도할 차례입니다. 당신의 하나님이 들으시고 이 거친 파도에서 우리를 구할지도 모르잖아요."라고 말합니다.

요나는 선원들에게 먼저 "나는 바다와 육지를 지으신 하늘의 하나님 여호와를 믿는 사람입니다. 그러나 나는 니느웨로 가라는 하나님의 명령을 따르지 않고 하나님께 불순종했기 때문에 하나님이 이 폭풍을 보냈습니다. 나를 바다에 던지세요. 그러면 파도가 잠잠해질 것입니다."

파도가 점점 더 크고 거칠어졌어요. 배에 있는 사람들은 모두 이 폭풍이 배를 부수어 버릴 것이라고 생각했어요. 그러나 아무도 요나를 바다에 던지고 싶지는 않았어요. 그래서 노를 저어 육지 쪽으로 배를 돌리려고 안간힘을 썼습니다. 그래도 아무 소용이 없자 선원들은 요나가 말한 대로 요나를 바다에 던졌어요. 그러나 그들은 먼저 "요나를 폭풍 치는 바다에 던지는 것에 대해 우리에게 벌하지 마세요."라고 여호와 하나님께 기도했습니다.

요나가 바다에 빠지자 곧 파도가 멈추고 배도 흔들리지 않게 되며 폭풍 구름도 사라졌어요.(구름을 떼어 낸다.)

그러면 요나는 어디 있나요? 풍덩! 요나는 바다 밑으로 밑으로 내려갔어요. (요나를 배에서 이야기 판 밑바닥까지 옮겨간다.) 요나는 겁이 났어요.

하나님은 지금 그를 볼 수 있을까요? (아이들이 대답하게 한다.) 그래요. 하나님이 보고 계셔요. 하나님은 요나를 보호하고 계셔요.

하나님은 커다란 물고기를 보내서 요나를 삼키게 하셨어요. (물고기 그림으로 요나를 덮는다.) 요나는 얼마 후 자신이 어둡고 조용한, 커다란 물고기의 뱃속에 있다는 것을 알게 되었어요. 그 커다란 물고기 뱃속에서 요나는 무슨 생각을 했을까요? 하나님께 순종하는 것에 대해 생각했을까요? 요나는 하나님께 순종하지 않은 것에 대해 잘못했다고 말씀드렸을까요? 요나는 하나님이 여전히 그를 사랑한다는 사실을 알았을까요? 불순종할 때조차 하나님이 요나를 보호하셨어요. 우리가 요나처럼 불순종할 때도 하나님은 우리를 사랑하시고 보호해주신답니다.

우리 반에 모여요

▶ **출석 확인**

아이들이 자신의 출석표에 표시하도록 시간을 주십시오. (스티커를 나눠주는 것도 좋은 방법입니다.)

▶ **이야기 나누기**

하나님의 말씀을 다시 한 번 생각하며 이해하도록 돕는 질문들입니다. 이 질문들을 어린이들과 나누면서 어린이들 스스로 말씀을 생각하고 느끼게 합니다.

우리도 요나처럼 불순종하는 때가 없는지 이야기를 나눕니다. 아이들이 쉽게 생각해내지 못하면 이런 질문들을 던지십시오.

- 요나는 어떻게 하나니의 말씀을 따르지 않았나요?
- 하나님은 요나가 불순종할 때도 사랑하시나요?
- 과자만 먹고 싶을 때 밥을 먹으라고 엄마가 말씀하시면 어떻게 하나요?
- "그만 잠 자거라."하시는 엄마나 아빠의 말씀을 잘 듣나요?
- 엄마, 아빠 말씀에 순종할 수 있나요?
- 언니나 동생과 싸움을 할 때 어떤 마음이 드나요?

> **선생님, 잠깐만요!**
>
> 아이들이 자신의 불순종의 모습을 솔직하게 이야기할 때 옳고 그름으로 (예를 들어 '그래, 그러니까 엄마 말씀 잘 들어야지.' '순종하지 않으면 하나님이 싫어하신다.') 판단해 주기보다는 그런 우리의 모습을 인정하며 하나님께 도움을 구할 수 있도록 어린이들을 도와주세요. 선생님도 정말 순종하고 싶다는 바람을 표현하는 것도 좋습니다.

아이들이 자신의 이야기를 할 때 적절하게 격려하십시오. ("그래, 우리도 불순종 할 때가 있지.", "그랬구나.") 한 명씩 돌아가며 대답할 기회를 줍니다. 우리가 하나님께 불순종할 때도 하나님은 여전히 우리를 사랑하시고, 우리가 순종할 수 있도록 도우실 것이라는 사실을 아이들에게 일깨우십시오. 우리 모두 하나님께 순종할 수 있게 도와 달라고 기도합니다.

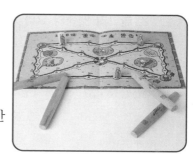

➡️ 소그룹 활동

1. 순종 윷놀이 (보드게임)

■ 활동목표 : 요나의 이야기를 이해하고, 순종하는 기쁨을 압니다.

■ 준비물 : 교회학교용 교재 18, 31쪽, 가위, 풀 또는 투명테이프

■ 활동방법 : 1) 교회학교용 교재 31쪽의 그림을 오려 윷놀이에 사용할 말을 만
듭니다.

　　　　　　2) 윷놀이 판 그림을 살펴보며 요나의 이야기를 회상합니다.

　　　　　　3) 윷놀이의 게임 규칙을 의논하여 정합니다.
　　　　　　　 ('백도', '처음으로 돌아가 다시 시작하기' 등)

　　　　　　4) 요나의 불순종과 순종을 기억하며 하나님이 기뻐하시는 우리의 자세에 대해 이야기 나눕니다.

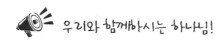
　　　📢 우리와 함께하시는 하나님!

➡️ 간 식

아이들의 영양을 고려한 간식을 준비합니다.

다함께 모여요

1. 요나 찾기

■ 활동목표 : 세상 어느 곳에 있어도 하나님이 아시는 것을 이해합니다.

■ 활동준비물 : 소그룹 활동 시간에 만든 요나 인형

■ 활동방법 : 1) 어린이들을 2팀으로 나눕니다.

　　　　　　2) 한 그룹은 고개를 숙이며, 스물을 함께 셉니다. 다른 그룹은 그 동안 자신이 만든 요나 인형을 예
배실에 숨깁니다.

　　　　　　3) 요나 인형을 찾기 시작합니다. 1개만 찾는 것을 원칙으로 합니다. 찾은 사람은 "찾았다!"라고 외
치고, 주인에게 돌려줍니다.

　　　　　　4) 역할을 바꾸어 찾기게임을 해 봅니다.

　　　　　　5) 우리가 어느 곳에 있어도 하나님은 알고 계시다는 이야기합니다.

2. 물고기 뱃속의 요나 체험하기

■ 활동목표 : 세상 어느 곳에 있어도 하나님이 아시는 것을 이해합니다.

■ 활동준비물 : 넓은 천 여러 폭

■ 활동방법 : 1) 하나님의 말씀에 불순종한 요나는 어떻게 되었죠? 네, 바다에 던져지게 되었는데 하나님이 보내신 큰 물고기가 요나를 삼켰지요. 그래요. 요나는 큰물고기의 뱃속에 들어가게 되었어요. 그 물고기의 뱃속은 어떤 곳일까요? 요나를 따라 한 번 들어가 볼까요?

2) 넓은 천(폭이 좁은 천은 두 폭 정도 붙여서)을 준비하여 아이들이 일어설 수 없을 정도로 낮게 천의 네 귀퉁이를 선생님들이 잡고 천을 펄럭이면서 외칩니다. "물고기 뱃속에 물이 들어온다.", "물고기가 기침을 한다.", "물고기가 트림을 한다.", "물고기가 펄쩍 뛰어오른다." "물고기가 잠을 잔다." 천 아래에 있는 아이들은 이리 저리 움직이게 됩니다. 처음에는 재미있게 느낄 수도 있겠지만 조금 지나면 밖으로 나가고 싶어 질 것입니다.

3) 아이들이 밖으로 나가고 싶다고 할 때까지 지체하다가 요나의 회개 기도("하나님의 말씀을 순종하겠어요.")를 하고는 천을 치우고 아이들을 밖으로 나오게 합니다.

4) "요나는 물고기 뱃속에 계속 살고 싶었을까요?", "요나는 물고기 뱃속에서 무슨 생각을 했을까요?" 등의 질문을 하고 다음 주에 요나가 어떻게 되었는지 배우게 될 것이라고 말합니다.

2. 마음에 새겨요

회상하기 질문을 통해 아이들은 오늘 배운 성경 말씀을 삶 속에서 적용할 수 있도록 도움 받을 수 있답니다.

- 불순종한 요나에게 어떤 일이 일어났나요?
- 요나는 물고기 뱃속에서 무슨생각을 했을까요?
- 불순종한 요나를 보며 하나님의 마음은 어떠셨을까요?

기도) 언제나 우리를 사랑하시는 하나님, 참 감사해요. 순종하기 어려울 때에도 하나님께 순종할 수 있도록 도와주세요. 예수님의 이름으로 기도합니다. 아멘.

▶ 광 고

가정용 교재로 오늘 배운 성경 이야기를 집에서 복습하도록 광고해 주십시오.

4. 마침 인사

마치는 노래를 부르며 집으로 돌아갑니다.

9 하나님은 요나를 용서하셨어요

성 경	요나서 2-4장
암 송	우리가 사랑함은 그가 먼저 우리를 사랑하셨음이라. (요한일서 4:19)
포인트	하나님은 요나와 니느웨 사람들, 그리고 우리 모두가 불순종함을 뉘우치고 회개하기를 원하세요.

▣ 이 과의 목표

믿음의 성숙 (교사와 어린이)

• 하나님을 사랑하고 그분께 순종하기 원합니다.

• 하나님께 불순종 했을 때 잘못을 뉘우칠 수 있습니다.

• 하나님께서 용서해주심에 기뻐합니다.

성경에 대한 이해 (어린이)

• 요나가 불순종했을 때 어떻게 잘못을 뉘우쳤는지 말할 수 있습니다.

• 니느웨 백성들이 하나님 앞에 어떻게 회개하였는지 설명할 수 있습니다.

• 불순종한 우리가 뉘우칠 때에 용서하시는 하나님께 감사 드립니다.

믿음의 본보기 (교사)

하나님의으로부터 용서받은 것에 대한 선생님의 기쁨을 표현하세요.

▣ 한눈에 보는 오늘의 예배

순 서	소요시간	활동계획
유치부에 왔어요	예배 전	반가워요 · 마음 열기
예배드려요	35-40분	찬양 · 기도 성경 봉독 · 성경 이야기
우리 반에 모여요	15-20분	출석 확인 · 이야기나누기 소그룹 놀이 활동(달리는 천국버스 / 만국기 꾸미기 중 택일)
다함께 모여요	10분	대그룹 놀이 활동(하나님의 용서) 마음에 새겨요 · 광고 · 마침 인사

* 위의 순서는 각 교회학교의 사정에 따라 다르게 진행될 수 있습니다.

◉ 이 과를 준비하는 선생님들께

오늘 이야기는 커다란 물고기 뱃속에 들어간 요나가 회개하는 장면에서 시작합니다. 요나는 "감사하는 목소리로 주께 제사를 드리겠다.(욘 2:9)고 기도합니다. 그는 하나님이 그의 기도를 듣고 그를 구해내실 것이라고 믿으며 "구원은 여호와께로 말미암나이다."라고 말하고 있습니다.

물고기가 그를 마른땅에 토해내자 "여호와의 말씀이 두 번째 요나에게 임하여" 니느웨로 가서 "내가 네게 명한 바를 그들에게 선포하라"(욘 3:1)고 지시합니다. 여호와는 요나가 저지른 불순종이나 하나님으로부터 도망칠 수 있으리라고 생각한 어리석음에 대해 설교를 늘어놓지 않았다는 점을 아이들이 깨달을 수 있도록 도와주세요. 하나님은 "니느웨로 가서…"라며 다시 명령하시고, 이번에는 요나가 순종해야 합니다.

요나가 하루 만에 성으로 들어가 선포한 하나님의 말씀은 단순하고 분명했습니다. "사십일이 지나면 니느웨가 무너지리라"는 것(욘 3:4)이었지요. 그는 그 성이 왜 무너져야 하는지 설명하지 않았습니다. 그런데 놀랍게도 니느웨 백성들은 하나님을 믿었습니다. 왕까지도 회개하면서 금식을 선포하고, 모두 하나님께 부르짖으며 악한 길을 버리라고 촉구합니다. 이스라엘의 하나님, 이방신의 하나님을 전하는 선지자의 전도에 이 모든 일이 일어난 것입니다.

니느웨 백성들은 왜 하나님을 믿고 회개했을까요? 이렇게 간단하고 투박한 메시지가 어떻게 그들에게 그토록 확신을 주었을까요? 분명 성령이 그들 마음속에서 역사했을 것입니다. 요나에게 무슨 일이 있었는지 들었던 사람들에게 요나의 메시지는 더 큰 충격을 주었을 것입니

> 니느웨 백성들은 왜 하나님을 믿고 회개했을까요? 이렇게 간단하고 투박한 메시지가 어떻게 그들에게 그토록 확신을 주었을까요? 분명 성령이 그들 마음속에서 역사했을 것입니다. 요나에게 무슨 일이 있었는지 들었던 사람들에게 요나의 메시지는 더 큰 충격을 주었을 것입니다. 놀라운 방법으로 요나를 바다에서 구해내신 하나님은 분명 니느웨 성도 무너뜨릴 수 있을 것이기 때문입니다.

다. 놀라운 방법으로 요나를 바다에서 구해내신 하나님은 분명 니느웨 성도 무너뜨릴 수 있을 것이기 때문입니다. 불순종한 선지자를 용서하고 구해내신 하나님이시기에 그들이 회개하고 악한 길을 버릴 때 용서하실 것이라고 그들은 믿었습니다. 이 때문에 요나의 연설이 니느웨 백성들을 구원의 길로 이끌 수 있었던 것입니다.

사람들이 회개할 때 하나님은 니느웨를 무너뜨리지 않을 것입니다. 여기에는 아이들에게 전달할 생명의 메시지가 담겨 있습니다. 아무리 불순종한 사람이라도 하나님은 그 죄인을 받아들이고 용서할 준비가 되어있다는 것입니다. 누구든, 어디에서든, 언제나.

요나만 빼면 니느웨 이야기는 행복한 결말을 보입니다. 요나는 하나님이 자신을 바보처럼 보이게 했다고 불평했지요. 하나님의 명령으로 성읍이 무너질 것이라고 예언했는데 아무 일도 일어나지 않았으니까요. 하늘에서 불이나 재앙이 떨어지지도 않았고, 지진도 일어나지 않고, 아무 일도 없었습니다. 예언이 전혀 실현되지 않는 선지자의 말을 이제 누가 다시 믿겠습니까? 게다가 요나는 내심 이스라엘 백성들의 적인 니느웨 성이 완전히 무너지기를 고대했지만, 하나님이 그렇게 하지 않으실 것을 알기에 화가 났습니다.

이번에도 요나의 기도는 자기 연민으로 가득한데다 하나님께 감사드리지 못하고 불평하였습니다.

요나가 심히 싫어하고 노하여 "주께서는 은혜로우시며 자비로우시며 노하기를 더디 하시며 인애가 크시사 뜻을 돌이켜 재앙을 내리지 아니하시는 하나님이신 줄을 내가 알았음이니이다."라고 불평합니다. 그런데도 하나님이 "너의 성냄이 어찌 합당하냐?"(욘 4:4)고 부드럽게 대답하고 계시다는 것에 주목하십시오. 요나가 대답하지 않

고 물러난 후 하나님은 박 넝쿨을 자라게 해 따가운 태양으로부터 피할 그늘을 요나에게 주십니다. 그러나 얼마 후 하나님은 벌레를 보내 넝쿨을 죽게 합니다. 요나가 불같이 화를 내며 사는 것보다 죽는 게 낫다고 하자 하나님은 다시 똑같은 질문, "성냄이 어찌 합당하냐?"고 물으십니다.

요나가 "합당하다."고 대답하자 하나님은 "너는 박 넝쿨이 죽은 것도 안타까워하는데, 내가 어찌 니느웨의 모든 사람들과 동물들이 죽는 것을 안타까워하지 않겠느냐? 내가 마음을 바꾼 것은 이 때문이다."고 하십니다.

요나서는 우리에게 하나님에 대한 몇 가지 정말 중요한 진리를 가르쳐줍니다.

하나님은 자연계를 창조하시고, 관리하시고, 보호하십니다.

하나님은 어려운 처지에서 부르짖는 사람들을 구원하십니다.

하나님은 이 땅의 모든 사람들을 돌보십니다.

하나님에게 심판의 주권이 있습니다.

하나님은 유일한 하나님이십니다.

하나님의 구원을 경험한 사람은 감사와 찬양을 드리고 증거하게 됩니다.

아이들에게 이 진리들을 간단하고 구체적인 말로 전해주세요. 함께 기도드리며 이야기의 교훈을 강조하면서 하나님의 섭리하심에 감사할 수 있습니다

 유치부에 왔어요

➡️ 반가워요

지난 주에 사용한 종이스피커를 이용하여, 큰 소리로 아이들을 환영합니다. 종이 스피커를 높이 치켜들고, "교회에 온 것을 환영합니다!", "○○아 사랑해!"라고 외칩니다. 어린이들이 소리에 놀라지 않도록 주의합니다.

➡️ 마음 열기

1. 지난 여름동안 일어났던 이야기를 나눕니다. 해수욕장이나 바닷가에서 햇볕에 노출되어 따가웠던 경험, 산이나 여행지에 대한 경험을 나눕니다. 얼굴과 살갗이 햇볕에 그을린 모습을 서로 살펴보고, 어떤 아이가 햇볕에 제일 많이 그을리고, 어떤 아이가 햇볕에 제일 안 그을렸는지 서로 비교해봅니다.

2. 예배실 벽면에 물고기 모양을 전지에 그려 게시합니다. 색종이는 대각선으로 한 번 접어 오린 후, 삼각형 모양으로 여러 장 오려둡니다. 어린이들은 물고기 그림에, 삼각형 색종이를 비늘 모양으로 이어 붙입니다. 어린이들과 함께 큰 물고기를 완성해 봅니다.

예배 드려요

➡ 찬 양

- 가라 가라 (Ⓔ)

  가라 가라 세상을 향해 가라 가라 말씀 가지고

  가라 가라 온땅을 향해 가라 가라 예수님 명령

  우리 모두 주의 명령 따라서 온세상 모든 사람들에게 예수님의 사랑을 전하겠어요.

  우리 모두 주의 명령 따라서 온세상 모든 사람들에게 예수님의 사랑을 전하겠어요

- 흰눈처럼 양털처럼

➡ 기 도

하나님 아버지! 우리가 말씀을 배우고 순종하기 위해 이 자리에 모였어요. 하나님께 예배 드릴 때 참 기뻐요. 예수님 이름으로 기도합니다. 아멘

➡ 성경 봉독

이것은 성경. (두 손을 모읍니다.)　　　　　활짝 펴요. (책을 펴듯이 펼칩니다.)

요나서 2장 9-10절, 3장 1-3절 말씀. 그러나 내가 감사의 노래로 주께 제물을 드릴 것입니다. 내가 서원한 것을 내가 잘 지킬 것입니다. 구원은 여호와께로부터 옵니다." 그러자 여호와께서 물고기에게 명령하셨고 물고기는 요나를 땅으로 토해 냈습니다. 여호와의 말씀이 두 번째로 요나에게 임했습니다. "일어나 저 큰 성읍 니느웨로 가서 내가 네게 전하는 이 말을 선포하여라." 요나는 여호와의 말씀에 순종해 니느웨로 갔습니다. 그때 니느웨는 통과하는데만 걸어서 3일이 걸리는 아주 큰 성읍이었습니다.

➡ 들어가기

지난주 사용한 배낭을 물고기 모양으로 꾸밉니다. '이 안에 무엇이 들어있을까?' 라고 물으며 어린이들의 관심을 유도합니다. 어린이들은 틀림없이 '요나' 라고 대답할 것입니다. '그럼 무엇이 들어있는지 보자' 라고 이야기합니다. 배낭 안에 손을 넣어 휘젓는 모습을 보여주고, 맨처음에는 '어린이 신발', '냄비' 가 나오도록 합니다. 마지막으로 요나가 나오도록 하고 성경이야기를 들려줍니다.

➡ 성경 이야기

(아이들이 모두 주목하면 이야기 판 아랫부분에 요나를 붙이고 커다란 물고기로 가리면서) 요나는 커다란 물고기 뱃속에 앉아서 생각하고 생각하고 또 생각했어요. 사흘 동안 어둠 속에 앉아 있으면서 할 수 있는 것은 그것밖에 없었거든요. "만약 하나님께 순종하기만 했다면…만약 니느웨로 가서 그곳 사람들에게 하나님 말씀을 선포하기만 했다면…내가 도망치지 않았더라면! 하나님께 불순종한 것을 뉘우쳤다면……" 요나는 많은 생각을 했어요.

하나님께 어떻게 불순종했는지 생각하면 할수록 요나는 더욱 더 죄송스러운 마음이 들었어요. 그리고 요나는 하

나님이 얼마나 위대하신 지 생각하게 되었어요. 뱃사람들이 그를 바다에 던졌을 때 요나는 이제 죽었다고 생각했어요. 하나님께 불순종했기 때문에 분명히 물에 빠져 죽겠구나하고 생각했지요. 그러나 하나님은 요나를 구해내셨어요! 물고기 뱃속에 앉아서 생각하면서 그는 자신을 구해낸 것이 우리의 위대하고 사랑이 많으신 하나님이라는 것을 확실히 알았어요. 그리고 바로 그곳, 커다란 물고기 뱃속에서 요나는 하나님을 찬양하기 시작했어요. 그리고 요나는 하나님이 그에게 명하신 모든 일들을 하겠다고 약속했답니다.

하나님이 요나의 기도를 들으셨을까요? 하나님은 요나가 얼마나 뉘우치고 있는지 아셨을까요? 하나님은 불순종한 요나를 용서하고 싶으셨을까요? (아이들에게 이 문제를 생각할 시간을 주고, 대답하게 한다.)

맞아요! 맞아요! 맞아요! 하나님은 요나의 기도를 기쁘게 받으셨어요. 하나님은 요나를 용서하기 원하셨어요. 여러분들도 알듯이 하나님은 자신의 불순종을 뉘우치는 사람들에 대해 언제나 기뻐하세요. 하나님은 요나를 용서하시는 게 기쁘셨어요.

그래서 하나님은 이렇게 하셨어요. 커다란 물고기가 기침을 해서 요나를 땅 밖으로 내놓게 하셨지요. (물고기에 덮여 있던 요나를 이야기 판 맨 위쪽에 올려놓으면서 물고기는 다시 바닥으로 돌려보낸다.) 눈을 떴을 때 요나는 자신을 비추는 햇빛을 보았어요. 그리고 하나님이 말씀하시는 것을 들었어요. "요나야, 요나야, 니느웨로 가거라. 그곳에서 내가 너에게 전하는 말을 외쳐라." (요나와 좀 거리를 두고 니느웨 성을 붙인다.)

요나는 일어나서 옷을 털고 걷기 시작했어요. 이번에는 요나가 하나님이 말씀하신 대로 행동한 거예요. 요나는 하나님께 순종해서 곧장 니느웨로 갔습니다.(보여준다.)

니느웨에 도착한 요나는 하나님이 말씀하시는 것이 무슨 뜻인지 알 수 있었어요. 니느웨는 많은 사람들이 하나님께 불순종하며 하나님 사랑하는 것과 서로 사랑하는 것을 잊어버린 성읍이었어요. 요나는 하나님의 말씀을 니느웨 백성들에게 전했어요. (사람들을 붙인다.) "너희들이 하나님께 불순종했으니 40일이 지나면 이성이 무너질 것이다. 하나님이 이 성을 무너뜨리실 것이다!" 니느웨 사람들의 불순종에 대해 하나님이 몹시 화가 나셨다고 요나는 말했어요.

요나는 하루 종일 걸어 다니며 가는 곳마다 같은 말을 전했어요. 니느웨 사람들은 들었어요. 요나가 하나님에 관해 말할 때 백성들은 요나의 말을 믿었어요. 그들은 하나님께 불순종한 것에 대해 몹시 뉘우치기 시작했어요. 입고 있던 좋은 옷을 벗고 낡고 거친 옷감으로 만든 옷을 입었어요. 아침, 점심, 저녁을 모두 먹지 않았어요. 하나님께 불순종한 것에 대해 진심으로 뉘우쳤어요. (사람들을 붙였던 자리에 회개하는 군중을 붙인다.)

요나가 전하는 말을 듣고 왕도 크게 뉘우쳤어요. (왕을 붙인다.) 그는 아름다운 왕좌에서 일어나 왕의 복장을 벗어버리고 낡고 거친 옷감으로 만든 옷을 입었어요. 왕은 아침, 점심, 저녁을 먹지 않았어요. 왕은 흙더미에 앉아서 하나님께 불순종한 것에 대해 깊이 뉘우쳤어요. (왕을 붙였던 자리에 회개하는 왕을 붙인다.)

그리고 왕은 니느웨의 모든 백성에게 선포 했어요. "사람이나 짐승이나 소떼나 양떼나 아무것도 먹지 말아라. 물도 마시지 말라. 굵은 베 옷을 입고 힘써 여호와께 부르짖으며 회개하라. 누구나 악한 길에서 돌이켜야 하고 폭력을 쓰지 말아야 한다. 불순종에 대해 하나님께 죄송하다고 말씀드려라. 혹시 하나님께서 그 마음을 바꾸셔서 더 이상 노하지 않으실지 누가 알겠느냐. 그러면 우리도 죽지 않게 될 것이다."

니느웨 사람들이 불순종에 대해 깊이 뉘우치는 것을 보시고 하나님은 그들을 심판하지 않기로 하셨어요. 니느웨 백성들이 하나님을 사랑하고 하나님께로 돌아오자 하나님은 기뻐하셨어요. 니느웨 사람들이 뉘우치자 하나님은 용서해 주셨어요.

요나는 니느웨 사람들이 용서받은 것을 보고 어떻게 생각했을까요?

그때도 요나는 기뻐하지 않았어요. 그때까지도 요나는 하나님이 니느웨 사람들을 모두 벌주시기 원했거든요. 이때 하나님은 요나에게 한 가지를 더 말씀하십니다. "요나야, 요나야. 화내지 말고 기뻐하라. 네가 불순종하고 뉘우쳤을 때도 내가 용서해주지 않았느냐? 이제 사람들로 가득 찬 이 성 전체가 불순종을 뉘우치고 자신의 길을 돌이켜 순종하려고 하는구나. 나는 그들도 용서할 것이야. 너도 그것을 기뻐했으면 좋겠구나!"

하나님은 불순종한 사람이 자기의 잘못을 뉘우치고 하나님께 용서를 구할 때 기뻐하십니다. 그리고 사랑으로 용서하신답니다.

우리가 우리의 잘못을 뉘우치고 회개할 때 용서하시는 하나님 참 감사합니다.

우리 반에 모여요

▶ **출석 확인**

아이들이 자신의 출석표에 표시하도록 시간을 주십시오. (스티커를 나눠주는 것도 좋은 방법입니다.)

▶ **이야기 나누기**

하나님의 말씀을 다시 한 번 생각하며 이해하도록 돕는 질문들입니다. 이 질문들을 어린이들과 나누면서 어린이들 스스로 말씀을 생각하고 느끼게 합니다.

• 하나님을 제일 슬프게 하는 것이 무엇이라고 생각하나요?
• 하나님을 제일 기쁘게 하는 것이 무엇이라고 생각하나요?
• 하나님은 우리가 잘못을 뉘우칠 때 용서해 주실까요?

불순종을 깊이 뉘우친다고 하나님께 말씀드릴 때 하나님이 얼마나 기뻐하시는지, 요나와 니느웨 백성들을 용서하셨듯이 하나님은 언제나 우리를 용서하신다는 사실을 다시 한번 강조합니다.

▶ 소그룹 활동

1. 요나와 물고기 (물고기 만들기)

- 활동목표 : 우리가 회개할 때 하나님께서 용서해 주심을 압니다.
- 준비물 : 교회학교용 교재 19, 29쪽, 리본 끈, 투명테이프
- 활동방법 : 1) 교회학교용 교재 29쪽의 요나 그림을 리본 끈에 달고 19쪽 물고기 꼬리 쪽에 붙인 뒤 둥글게 말아 물고기를 만듭니다.

  2) 물고기 뱃속에 요나 그림을 넣습니다.

  3) 요나의 회개 기도를 따라하고 물고기 꼬리 쪽에서 입김을 '후' 하고 불어 뱃속에 있던 요나를 밖으로 내보냅니다.
  "하나님의 말씀을 듣지 않고 제 마음대로 한 것을 용서해 주세요."

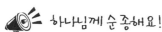
하나님께 순종해요!

2. 용서 만국기 만들기

- 활동목표 : 하나님의 넓은 용서하는 마음을 깨닫습니다.
- 활동준비물 : 색종이(1인당 8장), 색연필, 싸인펜
- 활동방법 : 1) 색종이를 가지고, 앞면에는 각국의 국기를 그려봅니다.

  2) 색종이의 뒷면에는 하나님의 사랑을 상징하는 ♡를 그리고 용서를 씁니다.

  3) 하나님께 용서를 구하면 누구나 언제든지 용서하신다고 마무리합니다.

▶ 간 식

아이들의 영양을 고려한 간식을 준비합니다.

다함께 모여요

1. 하나님의 용서 만국기

- 활동목표 : 세상을 품으시는 하나님의 마음을 이해합니다.
- 활동준비물 : 소그룹시간에 만든 만국기, 리본 테이프, 접착테이프, 가위
- 활동방법 : 1) 어린이들은 자신이 만든 용서 만국기를 가지고 모입니다.

  2) 어린이들을 두 팀으로 나눕니다.

  3) 각팀에서는 리본테이프를 가지고, 만국기 간 5cm정도의 간격을 가지고 이어 붙이게 합니다.

  4) 만국기를 다 붙인 후에 어느 팀이 더 긴지 길이를 비교해 봅니다.

  5) 교사들이 어린이들이 만든 만국기를 높이 들어올려 천장에 붙여 줍니다.

  6) 세상 여러 나라는 품으시고, 용서하시는 하나님의 마음을 즐거워합니다.

2. 암송

요한복음 4장10절을 다시 한번 복습하는 시간을 가집니다.

진지한 질문

이번 학기 내내 우리는 하나님의 사랑과 용서의 메시지를 강조해 왔습니다. 그런데 이 의미에 대해 진지하게 물어오는 아이가 있을 것입니다. 이때 당신은 성령이 그 아이의 마음을 열어 하나님의 아들인 예수를 진정으로 받아들이게 하려는 것임을 느낄 수 있을 것입니다. 예수님을 영접할 준비가 된 아이를 발견하면 그 아이와 가족을 위해 따로 시간을 내십시오.

---

2. 마음에 새겨요

회상하기 질문을 통해 아이들은 오늘 배운 성경 말씀을 삶 속에서 적용할 수 있도록 도움 받을 수 있답니다.

• 요나는 어떻게 순종하게 되었나요?

• 요나의 말을 들은 니느웨 사람들은 무엇을 했나요?

• 내가 하나님께 순종해야 할 것은 무엇이 있나요?

기도) 우리의 순종을 기뻐하시는 하나님, 우리가 회개할 때 용서하시고 사랑하여 주셔서 감사해요. 언제나 하나님의 말씀에 기쁨으로 순종할 수 있도록 도와주세요. 예수님의 이름으로 기도합니다. 아멘.

➡ 광 고

가정용 교재로 오늘 배운 성경 이야기를 집에서 복습하도록 광고해 주십시오.

4. 마침 인사

마치는 노래를 부르며 집으로 돌아갑니다.

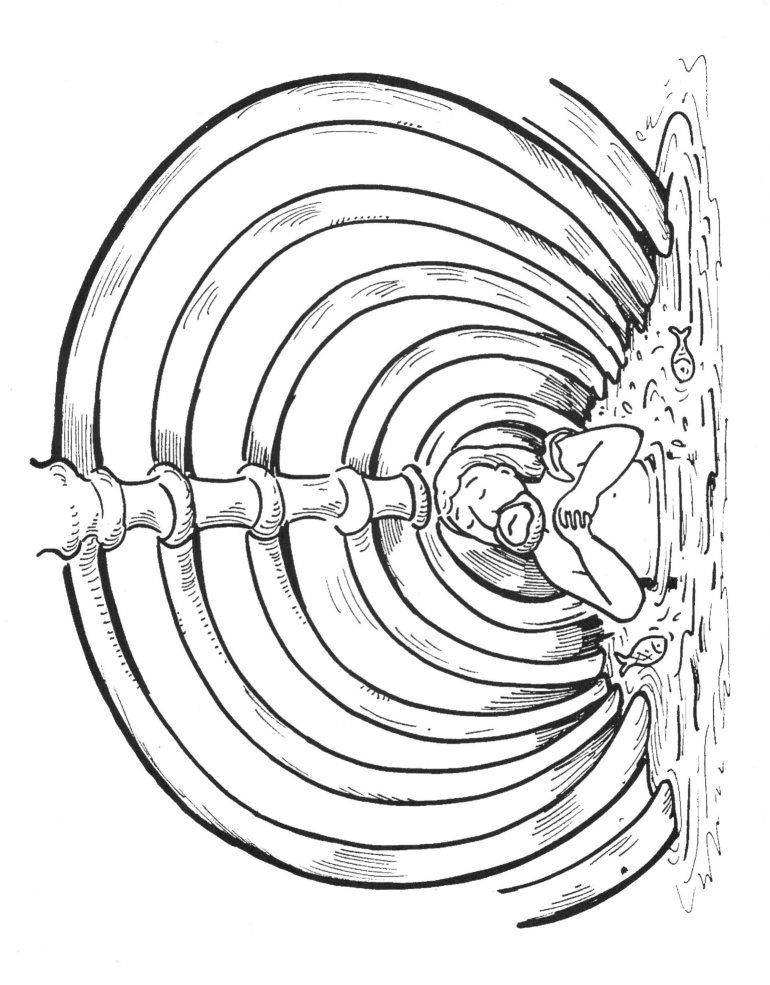

10 세 친구들은 하나님께 순종했어요

성 경	다니엘 3장
암 송	여호와 우리 주여, 주의 이름이 온 땅에 어찌 그리 아름다운지요. (시편 8:1)
포인트	하나님께 순종한 세 친구들이 큰 위험에 처했을 때 하나님은 그들을 구해주셨어요.

◎ 이 과의 목표

믿음의 성숙 (교사와 어린이)

• 다른 사람들이 불순종할 때도 하나님께 순종해야 함을 깨닫습니다.

• 하나님이 항상 우리와 함께 하심을 압니다.

• 하나님이 세 친구들을 구하신 방법에 대해 기뻐합니다.

• 하나님을 사랑하고 그분께 순종하기 원합니다.

성경에 대한 이해 (어린이)

• 오늘 성경 이야기를 그림으로 그리고 친구들에게 말할 수 있습니다.

• 세 친구들이 하나님에 대한 자신들의 믿음을 어떻게 보여주었는지 말할 수 있습니다.

• 활활 타는 풀무에 들어갔을 때와 거기서 나왔을 때 세 친구들이 어떻게 느꼈을지 상상해 봅니다.

믿음의 본보기 (교사)

하나님이 항상 나와 함께 계신다는 선생님의 확신을 아이들에게 표현하세요.

◎ 한눈에 보는 오늘의 예배

순 서	소요시간	활동계획
유치부에 왔어요	예배 전	반가워요 · 마음 열기
예배드려요	35-40분	찬양 · 기도 성경 봉독 · 성경 이야기
우리 반에 모여요	15-20분	출석 확인 · 이야기나누기 소그룹 놀이 활동(천사의 날개)
다함께 모여요	10분	대그룹 놀이 활동(나처럼 해 봐요) 마음에 새겨요 · 광고 · 마침 인사

* 위의 순서는 각 교회학교의 사정에 따라 다르게 진행될 수 있습니다.

▣ 이 과를 준비하는 선생님들께

오늘 이야기는 하나님이 아닌 신에게 경배하느니 끔찍한 죽음을 당하겠다는 결단으로 왕의 명령에 불복하는 진정한 믿음의 영웅들에 관한 것입니다. 거대한 신상, 신상에 절하는 군중, 격노한 왕, 극렬하게 타는 풀무(용광로), 그리고 하나님이 끔찍한 죽음에서 건져낸 세 명의 용감한 젊은이 등, 이 이야기에는 정말 극적인 요소가 모두 들어 있습니다.

전체 이야기의 핵심은 느부갓네살이 빈정거리며 한 말, "무슨 신이 너희를 내 손에서 구해내겠느냐"(단 3:15)에 담겨 있습니다. 이에 세 명의 젊은이는 "오 왕이여. 우리가 섬기는 하나님은… 당신 손에서 우리를 능히 건져 내시리라."(단 3:17)라고 대답합니다. 그리고 그들의 말은 진실이 됩니다. 결국 느부갓네살은 "이같이 구원할 수 있는 다른 신은 없다"(단 3:29)고 말할 수밖에 없게 됩니다.

세 명의 젊은이는 왕의 명령을 정면으로 거절합니다. 그런 상황에서 그들이 그렇게 행동한 것은 정당한 일이었습니다. 그들은 십계명 중 우상을 섬기지 말라는 첫 계명을 따랐던 것입니다. 이 장면은 바벨론 땅 두라 평야를 배경으로 펼쳐집니다. 느부갓네살 왕은 금으로 높이 27m 넓이 2.7m의 거대한 신상을 만듭니다. 그것이 느부갓네살왕 자신을 나타낸 초상 조각인지, 바빌론의 신을 나타낸 것인지는 나타나 있지 않지만, 그것은 분명 우상이었습니다. 이제까지의 다른 군주들처럼 느부갓네살 왕은 백성들이 하나의 신을 경배하게 함으로써 다양한 민족(그들 중 많은 수가 각기 다른

전체 이야기의 핵심은 느부갓네살이 빈정거리며 한 말, "무슨 신이 너희를 내 손에서 구해내겠느냐"(단 3:15)에 담겨 있습니다. 이에 세 명의 젊은이는 "오 왕이여. 우리가 섬기는 하나님은… 당신 손에서 우리를 능히 건져 내시리라."(단 3:17)라고 대답합니다. 그리고 그들의 말은 진실이 됩니다. 결국 느부갓네살은 "이같이 구원할 수 있는 다른 신은 없다"(단 3:29)고 말할 수밖에 없게 됩니다. 이 이야기가 아이들에게 어떤 영향을 끼칠까요? 아이들은 이 이야기를 통해 정말 무서운 때도 하나님이 그들과 함께 하시며 그들을 도울 수 있다는 사실을 알게 될 것입니다. 그들은 하나님을 사랑하고 그분께 순종하는 것의 중요성을 다시 한번 깨닫게 됩니다.

신을 믿던 피정복민이었습니다.)으로 이루어진 나라를 통합하려 했습니다. 느부갓네살의 이름으로 다스리는 모든 관리들은 이 우상에 고개를 숙여 경배해야 했고, 그렇게 하지 않을 때는 극렬히 타는 풀무에 들어가 죽음의 고통을 당해야 했습니다. 그러니 모두들 주저 없이 이 우상에 절했습니다.

방백과 수령, 도백, 재판관, 재무관, 모사, 법률사, 각 도의 모든 관원 등 우상에 절한 관리들의 지위(단 3:2, 3, 27)와 나팔, 피리, 수금, 삼현금, 양금, 생황(단 3:5, 7, 10, 15) 등 의식에 사용된 악기를 자세히 여러 번 열거한 것은 이 거대한 의식의 형식을 보여줄 뿐 아니라 이 글을 쓴 유대 저자가 우상 숭배자들을 조롱하고 있는 듯한 인상을 줍니다.

이스라엘이 하나님께 경배하는 신성하지만 절제된 예배의 모습과 얼마나 대조를 이룹니까! 또한 뜨거워지는 풀무나 세 사람을 풀무에 넣다가 타 죽은 군사들에 대해 자세히 묘사한 것도 같은 이유에서였을 것입니다. 풀무 불이 뜨거울수록 더 위력이 있을 것이라는 느부갓네살의 생각은 얼마나 어리석었습니까!

어떤 갈대아 사람들이 사드락과 메삭, 아벳느고를 질투하여 왕 앞에서 비난합니다. 젊은 이스라엘 사람들이 자신들보다 훨씬 중요한 위치에 있는 것에 대해 이들은 매우 언짢았을 것입니다. 어느 신도 그들을 자신의 손에서 구해낼 수 없으리라 확신하며 그들의 무력함을 강조하는 격노한 왕 앞에서 담대하게 대답하는 이 세 젊은이의 말에 귀 기울일 필요가 있습니다. 그들은 "우리 하나님은 능히 우리를 구해내실 수 있습니다. 그러나 왕이시

여. 하나님이 우리를 구하실지 아니 구하실지 우리는 모르며, 비록 구하시지 않으시더라도 우리는 금으로 만든 우상에 절하지 않겠습니다."고 엄숙히 선언합니다. 이 얼마나 대단한 용기입니까! 믿음입니까!

그들의 이런 대답은 왕을 더욱 더 화나게 했습니다. 그래서 이들은 옷을 입고 손발이 묶인 채 타오르는 풀무 한가운데로 던져 졌습니다. 그런데 그들이 타오르는 풀무 불 속에서 아무 해도 입지 않고 자유롭게 다니는 것을 보고 왕은 놀랍니다. 세 사람 외에 또 한 사람, 하나님의 천사가 그들과 함께 있으면서 그들을 보호했던 것입니다.

이에 느부갓네살은 그들을 구해내신 이스라엘의 하나님을 찬송합니다. 그는 "사드락과 메삭, 아벳느고의 하나님"에 대적하는 말을 하지 말라고 조서를 내립니다(단 3:29). 그것이 무엇을 의미하는지 정확하게 알 수는 없지만, 분명한 것은 그것으로 이 세 사람뿐 아니라 바빌론에 살던 다른 유대인들도 모두 보호를 받을 수 있었다는 것입니다. 세 사람은 이후 더 많은 책임과 권세를 누리는 자리에 오르고, 이 이야기는 바빌론 전역에 퍼져 이스라엘의 하나님이 더욱 더 권세와 영광을 얻게 됩니다.

이 이야기가 아이들에게 어떤 영향을 끼칠까요? 아이들은 이 이야기를 통해 정말 무서운 때도 하나님이 그들과 함께 하시며 그들을 도울 수 있다는 사실을 알게 될 것입니다. 그들은 하나님을 사랑하고 그분께 순종하는 것의 중요성을 다시 한번 깨닫게 됩니다. 사드락과 메삭, 아벳느고야말로 바로 유일하고 진실하신 하나님께 사랑의 순종을 바친 모범이기 때문입니다.

유치부에 왔어요

➡ 반가워요
3명의 교사가 나란히 서서 어린이들을 맞이합니다. 교사들은 손에 흰 장갑을 끼고, 장갑에는 색깔 테이프로 '하나님 최고!' 라는 글씨를 한 글자씩 붙입니다. 장갑 끝에는 리본 테이프로 술을 답니다. 어린이들이 도착하면 세 교사가 손바닥이 보이게하고, '하나님 최고!' 라고 외치며 환영합니다.

➡ 마음 열기
어린이들은 교사가 준비한 찬양테이프에 맞추어 강강수월래를 합니다. 여러 명의 어린이들이 원 모양으로 손을 맞잡고 서서, 원을 작고 크게 만들며 놀이합니다. 원 모양으로 빙글빙글 돌며 찬양을 부르기도 합니다

예배 드려요

➡ 찬 양
• 그분따라 가려네 (ⓖ)

어두운 두 눈 밝-히시고- 닫혔던 마음 열어 주시니-

예수님은- 나의 빛-이요- 나의 소망이시니 두렵지 않-네-

무섭지 않-네 내겐 아무-걱정 없으니-

밝은 빛 하-늘 소망 따라서 그분 따라 가려네

- 나의 기쁨 (ⓖ)
- 나의 친구 예수님 (ⓒ)

하나님이 바로 이곳에서 우리의 찬양을 듣고 계시다고, 하나님은 아이들 하나하나가 오늘 이 자리에 온 것을 기뻐하신다고 아이들에게 말하세요. 아이들에게 바로 지금 하나님께 무슨 말을 하고 싶은지 물어 보시고, 기도하면서 하나님이 바로 여기 우리와 함께 하시는 것에 감사합니다.

▶ 기 도

하나님 아버지! 우리가 말씀을 배우고 순종하기 위해 이 자리에 모였어요. 하나님께 예배 드릴 때 참 기뻐요. 예수님 이름으로 기도합니다. 아멘

▶ 성경 봉독

이것은 성경. (두 손을 모읍니다.)　　　　　활짝 펴요. (책을 펴듯이 펼칩니다.)

다니엘 3장 17-18절 말씀. 만약 우리가 절하지 않을 경우 우리가 섬기는 하나님께서 우리를 활활 타는 불구덩이 속에서 구해 주실 것입니다. 그분이 우리를 왕의 손에서 구해 내실 것입니다. 왕이여, 그러나 그렇지 않을지라도 우리가 왕의 신들을 섬기거나 왕이 세우신 금신상에 절하지 않을 줄 아십시오.

▶ 들어가기

우상에게 절하고 제물을 바치는 왕에 대한 이야기로 주의를 집중합니다. 돼지저금통, 곰인형, 토끼인형(우상을 형상화할 수 있는 소품)을 준비합니다. "오늘 이야기에는 하나님보다 사람이 만든 것을 더 좋아하고, 거기에 절하는 왕이 나옵니다. 이 왕은 우상에 절을 하고 멋진 선물을 바쳤답니다. (준비한 소품을 꺼내며) 이런 것에 또는 이런 것에 절을 했대요. 어떤 일이 일어났는지 이야기를 들어봅시다."

▶ 성경 이야기

오래 전에 바벨론 땅을 통치하는 느부갓네살이라는 교만한 왕이 있었어요. (깔판 가운데 느부갓네살 왕을 올려놓는다.) 하나님의 백성을 붙잡아 바빌론까지 노예로 데려온 그는 이제 자신이 굉장히 위대하다고 생각했어요. 오늘 이야기는 그렇게 바빌론으로 온 사람들 중 세 사람-사드락과 메삭, 아벳느고에 관한 이야기예요. (사드락과 메삭, 아벳느고를 한 편에 놓는다.)

세 친구들은 낯선 땅이지만 함께 있게 된 것을 기뻐했지요. 고향에서 멀리 멀리 떠나왔는데도 위대한 하나님이 바로 그곳에서 그들과 함께 하시는 것도 그들은 기뻤어요.

어느 날 느부갓네살 왕은 자신을 위해 일하는 모든 사람을 불러 회의를 열었어요. 그는 중요한 말을 했어요. 위대한 느부갓네살 왕이 말할 때는 언제나 바빌론의 모든 사람들은 듣고 순종해야 했지요.

모두 급히 모여 금으로 만든 거대한 우상을 올려 봤어요. 그것은 집보다 훨씬 더 큰 어마어마하게 큰 신상이었는데, 머리끝에서 발끝까지 금으로 덮여 있었어요. 사람들은 거기에 절을 해야 했지요. (느부갓네살 왕 옆에 우상을 놓

는다.)

왕의 말을 전하는 사람이 똑바로 서서 소리쳐 말했어요. "바빌론 사람들아, 나팔과 피리와 수금과 삼현금과 양금 소리나 모든 악기 소리가 들리면 너희는 엎드려 느부갓네살 왕이 만든 금 신상에 절해야 한다! 엎드려 절하지 않으면 너희는 무섭게 불타오르는 풀무에 던져질 것이다!"

악사들이 연주하자 나팔과 피리, 수금과 삼현금, 양금 소리와 모든 악기 소리가 들렸습니다. 그러자 모든 사람들은 엎드려 느부갓네살 왕이 금으로 만든 신상에 절했어요. (우상에 절하는 사람들을 놓는다.)

사드락과 메삭, 아벳느고만 빼고 모든 사람들이 그렇게 했지요. "느부갓네살 왕은 위대한 왕입니다. 그러나 우리는 왕에게 절하거나 경배하지 않을 것입니다! 우리는 우리 하나님만을 경배합니다. 우리는 왕에게 순종할 수 없습니다. 우리는 하나님께 순종할 것입니다!"

세 친구들은 똑바로 서서 왕의 우상에 절하려 하지 않았어요. 사드락과 메삭, 아벳느고가 금으로 만든 신상 앞에 서서 절하지 않는 모습을 본 왕의 신하가 왕에게 달려갔습니다.

"왕이여, 만세를 누리소서!"

"왕께서는 나팔과 피리, 수금과 삼현금, 양금 소리나 모든 악기 소리가 들리면 모두 엎드려서 금으로 만든 신상에 절해야 한다고 하지 않으셨습니까? 그리고 누구든 엎드려 절하지 않는 사람은 극렬하게 타오르는 풀무에 던져진다고 하지 않으셨습니까? 금으로 만든 신상에 절하지 않는 세 사람이 있습니다. 그들의 이름은 사드락과 메삭, 아벳느고 입니다.".

느부갓네살 왕은 매우 화가 났어요! 그는 곧장 사드락과 메삭, 아벳느고를 부르러 사람을 보냈어요.

"사드락, 메삭, 아벳느고야! 너희가 나의 금 신상에 엎드려 절하지 않는다는 게 사실이냐?" 왕은 물었지요.

"내가 한 번 더 기회를 주겠다. 악기 소리, 피리와 수금과 삼현금과 양금소리, 모든 악기 소리가 들릴 때 금으로 만든 나의 신상에 엎드려 절하여라! 그렇게 하지 않으면 너희는 극심하게 타오르는 풀무에 던져질 것이다! 그런데 어떤 신이 너희를 구해낼 수 있겠느냐?"

세 친구들은 교만한 왕을 쳐다보고 고개를 흔들었어요. "오 위대한 왕 느부갓네살이시여, 우리가 무서운 풀무 불에 던져져도 우리가 섬기는 하나님은 우리를 구해내실 수 있습니다! 우리 하나님은 항상 우리와 함께 계십니다. 우리는 금으로 만든 느부갓네살 신상에 절하지 않을 거예요! 우리는 우리의 위대한 하나님을 섬길 것입니다."

왕은 정말 화가 많이 났어요! "풀무를 일곱 배나 더 뜨겁게 해라" 왕은 소리를 쳤어요. 왕은 힘센 군사들에게 세 친구들을 묶어서 활활 타오르는 풀무 속에 던져 넣으라고 했어요. 물론 군사들은 왕의 말을 따랐지요. 무섭게 타오르는 불 속으로 사드락과 메삭, 아벳느고가 떨어 졌어요. (사드락과 메삭, 아벳느고를 치우고 풀무 안에 세 사람과 천사가 함께 있는 그림을 놓는다.) 그것을 지켜보던 느부갓네살 왕은 놀라운 광경에 눈이 휘둥그레졌습니다.

"어떻게 된 거야? 불 속에 세 명을 던져 넣은 것 아니었냐?" 왕은 하인들에게 소리쳤어요.

"물론입니다. 왕이시여." 하인들이 대답했지요.

"그런데 네 사람이 보이는구나. 그들이 모두 걸어 다니는데 묶이지도 않았고, 하나도 다치지 않았구나! 한사람은 천사같이 보이는구나!" 왕은 자신의 눈을 믿을 수 없었어요. 그는 더 자세히 보기 위해 풀무 가까이 갔어요.

"지극히 높으신 하나님의 종 사드락, 메삭, 아벳느고야. 어서 나와라! 이리로 오라!"(풀무 그림을 치우고 왕 옆에 서 있는 세 사람 그림을 놓는다.)

왕 앞에 선 세 친구들은 풀무 불 근처에도 가지 않은 것 같았어요. 왕은 정말 놀랐어요.

"어떻게 이런 일이 있을 수 있지?" 왕이 물었어요. "네 피부도 타지 않았고, 머리카락도 그을리지 않았구나. 옷에서는 연기 냄새조차 나지 않는구나! 천사를 보내 너희를 구원하신 너희 하나님을 찬양할 지어다! 너희는 너희가 죽을 줄 알면서도 하나님을 믿었고, 나를 섬기지 않고 하나님을 섬겼구나."

느부갓네살 왕도 우리 하나님이 얼마나 전능하시고 위대하신지 알게 된 거예요. 왕은 사드락과 메삭, 아벳느고의 하나님께 영광을 드릴것을 바빌론 백성들에게 명령했어요! 느부갓네살 왕과 그의 백성들은 다니엘의 하나님이 참 하나님이심을 위험 속에서도 하나님만을 섬긴 다니엘과 친구들을 통해 알게 된 것이랍니다. 다니엘과 그의 친구들과 함께 하셨던 하나님 참 감사해요. 언제나 우리와 함께 하시는 하나님을 찬양합니다.

우리 반에 모여요

➡️ **출석 확인**

아이들이 자신의 출석표에 표시하도록 시간을 주십시오. (스티커를 나눠주는 것도 좋은 방법입니다.)

➡️ **이야기 나누기**

하나님의 말씀을 다시 한 번 생각하며 이해하도록 돕는 질문들입니다. 이 질문들을 어린이들과 나누면서 어린이들 스스로 말씀을 생각하고 느끼게 합니다.

• 다른 사람들이 하나님을 섬기지 않을 때, 다니엘의 세 친구들은 하나님을 섬기는 것이 쉬웠을까요?
• 뜨거운 풀무에서 하나님께서 함께 하신다는 사실을 세 친구들은 확실히 알았을까요?
• 우리가 순종하기 위해 애쓸 때 하나님이 얼마나 기뻐하실지 아나요?
• 내가 순종하기 어려운 때는 언제인가요?

아이들의 이야기를 들으며 우리 모두 때때로 순종하기 어려울 때가 있다고 말합니다. 그러나 세 친구들 이야기에서 보듯 하나님은 우리가 순종할 수 있도록 도와준다는 사실을 확실히 하십시오. 하나님은 항상 우리 곁에 계시며, 우리를 사랑하시고 돌보시며, 어려운 순간에도 순종할 수 있도록 도우십니다.

선생님, 잠깐만요!
"믿음"의 정의를 아이들에게 가르쳐줄 필요가 있습니다. '믿음은 하나님이 항상 함께 하신다는 것을 확실히 아는 것' 이라고 명확하게 알려 주십시오. 그러나 이것은 아이들이 이해하기 어려운 개념으로, 가정에서 사랑과 안정감을 느끼지 못하는 아이는 더욱 그렇습니다.
선생님이 먼저 아이들에게 하나님의 사랑과 돌보심을 구체적으로 보여 주십시오.

▶ 소그룹 활동

1. 세 친구를 지켜주신 하나님! (입체 그림 만들기)

■ 활동목표 : 우리를 지켜주시는 하나님의 사랑을 느낍니다.

■ 준비물 : 교회학교용 교재 22쪽

■ 활동방법 : 1) 풀무 불 그림을 떼어 선을 따라 접고 칼집 표시 부분을 벌린 후 세웁니다.

　　　　　　 2) 세 친구 그림을 칼집에 끼우며 "우상에 절하지 않은 세 친구는 풀무 불에 던져졌어요"라고 말합니다.

　　　　　　 3) 천사 그림을 끼워 세 친구를 감싸고 "그러나 하나님께서 천사를 보내 주셔서 세 친구를
　　　　　　　　 지켜주셨어요"라고 말합니다.

 하나님께 순종해요! 하나님만 사랑해요!

2. 스크래치 그림

■ 활동목표 : 불가운데 보호하시는 하나님을 압니다.

■ 활동준비물 : A4사이즈 도화지, 크레파스, 이쑤시개, 책상 깔개

■ 활동방법 : 1) 도화지에 여러 색깔의 크레파스로 색칠을 합니다.

　　　　　　 2) 검정 크레파스로 덧바릅니다.

　　　　　　 3) 이쑤시개를 이용하여 불가운데 천사와 같이 있는 세 친구들을 그림으로 그립니다.

　　　　　　 4) 세 친구를 보호하시는 하나님께 감사 기도 드립니다.

▶ 간 식

아이들의 영양을 고려한 간식을 준비합니다.

 다함께 모여요

1. 나처럼 해 봐요 율동

■ 활동목표 : 친구들과 함께 율동을 즐깁니다.

■ 활동준비물 : 스티커

■ 활동방법 : 1) 아이들이 다함께 모여 둥글게 섭니다.

　　　　　　 2) 독특한 포즈를 지은 사람에게 스티커를 손등에 붙여주며 격려합니다.

　　　　　　 3) 2명씩 친구와 짝을 지어 율동을 합니다. 〈둘이 살짝 손잡고〉, 〈친구하고 마주보고〉
　　　　　　　　 "나처럼 해 봐요. 이렇게. 나처럼 해 봐요. 이렇게. 나처럼 해 봐요. 이렇게 아이 참 재미있구나!'

　　　　　　 4) 친구와 함께 율동하며, 함께하는 친구의 소중함을 느낍니다.

　　　　　　 5) 우리들에게 믿음의 침구들을 주신 하나님께 감사합니다.

2. 마음에 새겨요

회상하기 질문을 통해 아이들은 오늘 배운 성경 말씀을 삶 속에서 적용할 수 있도록 도움 받을 수 있답니다.

- 내가 믿지 않는 친구들과 다르게 하는 것은 무엇인가요?
- 다니엘의 세 친구가 하나님만을 순종했을 때 하나님은 그들을 어떻게 도와주셨나요?
- 하나님은 나를 어떻게 보호해주시나요?

기도) 언제나 우리를 사랑하시는 하나님! 다니엘의 세 친구들처럼 우리도 순종하는 아이가 되길 원해요. 예수님의 이름으로 기도합니다. 아멘.

➡ 광 고

가정용 교재로 오늘 배운 성경 이야기를 집에서 복습하도록 광고해 주십시오.

4. 마침 인사

마치는 노래를 부르며 집으로 돌아갑니다.

Nebuchadnezzar

다니엘은 하나님께 순종했어요

성 경	다니엘 6장
암 송	여호와 우리 주여, 주의 이름이 온 땅에 어찌 그리 아름다운지요. (시편 8:1)
포인트	다니엘은 큰 위험에 처했지만 하나님께 순종했고, 하나님은 다니엘을 구하셨어요.

◎ 이 과의 목표

믿음의 성숙 (교사와 어린이)

• 다른 사람들이 불순종할 때도 하나님께 순종해야 함을 깨닫습니다.

• 하나님이 다니엘을 구하신 것에 대해 기뻐합니다.

• 하나님이 항상 우리와 함께 하심을 압니다.

• 하나님을 사랑하고 그분께 순종하기 원합니다.

성경에 대한 이해 (어린이)

• 다니엘은 하나님을 향한 그의 믿음을 어떻게 보여주었는지 말할 수 있습니다.

• 다리오 왕이 다니엘이 믿는 하나님에 대해 어떻게 느꼈을지 말할 수 있습니다.

믿음의 본보기 (교사)

다니엘처럼 하나님께 순종하고자 하는 선생님의 마음을 표현하세요.

◎ 한눈에 보는 오늘의 예배

순 서	소요시간	활동계획
유치부에 왔어요	예배 전	반가워요 · 마음 열기
예배드려요	35－40분	찬양 · 기도 성경 봉독 · 성경 이야기
우리 반에 모여요	15－20분	출석 확인 · 이야기나누기 소그룹 놀이 활동(막대인형놀이)
다함께 모여요	10분	대그룹 놀이 활동(서로 나누어 읽기) 마음에 새겨요 · 광고 · 마침 인사

* 위의 순서는 각 교회학교의 사정에 따라 다르게 진행될 수 있습니다.

◎ 이 과를 준비하는 선생님들께

오늘 배울 성경 이야기는 메데스와 페르시아의 통치자가 느부갓네살이 아니라 다니엘(다리우스) 왕일 때입니다. 다니엘은 왕국 전체를 다스리는 최고의 관리 자리에 올랐다고 되어 있습니다. 관료 사회에서 지위가 너무 높이 올라가는 것은 위험한 일입니다. 다른 사람들이 그의 힘과 권위를 질투하게 되기 때문이지요. 특별히 다른 사람들이 볼 때에, 충성되고 신실한 왕의 신하로서 이방 신을 섬기는 유대인인 다니엘 같은 경우라면 더 위험했을 것입니다.

사람들은 다니엘을 시기해서 그를 함정에 빠뜨리려고 합니다. 다른 일에 있어서는 문제점을 하나도 찾을 수 없었던 그들은 화살을 그의 종교로 돌리려고 합니다. 유대인들은 하나님께 경배하고 계율을 지키는 데 있어서 그 나라에 사는 다른 어떤 민족들과도 달랐습니다. 이 관리들은 열려진 창문을 통해 보거나 하인을 통해 들음으로 다니엘이 매일 세 번씩 큰소리로 기도하는 것을 알게 되었습니다.

하나님의 성전이 있는 예루살렘을 향해 그는 매일 무릎 꿇고 신실하게 기도했습니다. 다니엘의 타협하지 않는 성격을 알고 있었던 그들은 그를 잡을 궁리를 합니다. 성경에는 이 관리들이 다리오 왕을 부추겨 30일 동안 왕에게만 기도해야 하고 그렇지 않은 사람은 사자 굴에 던져져 죽임을 당하는 법이 만들어지게 되었는지 그 자세한 과정이 기록되어 있습니다. 예상했던 대로 왕은 자만심에 의해 이 요청을 받아들였고, 법을 만들었습니다. 이 당시 페르시아의 법은 바꿀 수 없는 것이었습니다.

다니엘이 법을 어겼다고 다른 관리가 고발했을 때 왕은 이것이 다니엘을 잡기 위한 계략이었음을 분명 깨달

다니엘과 예수님 사이 비슷한 점을 주의해서 보십시오. 두 분 모두 음모를 당했고, 세상 법에 의해 붙잡힙니다. 왕이 봉하고 인을 친 사자 굴과 빌라도가 막아놓은 무덤도 유사합니다. 그러나 여기에는 중요한 차이점이 있습니다.

다니엘은 온 마음으로 순종하는 종을 구원하시는 하나님의 능력을 보여주었는데 반해 예수님은 믿는 자를 죽음에서 구원하시는 하나님의 능력을 보여 줍니다.

앉을 것입니다. 그러나 그도 법을 깰 수가 없었습니다. 아무리 신뢰하는 자라 해도 예외를 둘 수는 없었습니다. 이 이야기에는 왕이 다니엘을 얼마나 아끼고 사랑했는지 분명하게 표현되어 있습니다. 왕은 이제 새로운 의문을 가지게 됩니다. "다니엘이 섬기는 이 하나님이 그를 사자 굴에서 구해낼 수 있을까?" 이야기에 따르면 천사를 보내 사자 입을 다물게 함으로써 하나님은 다니엘을 구했다고 합니다. 이 사건은 왕의 의문에 답할 뿐 아니라 왕의 법을 어겼다는 다니엘에 대한 고발도 해명합니다. 다니엘은 왕의 법을 경멸한 게 아니라 더 높은 하나님의 법을 섬긴 것이기에 그들의 고발은 거짓이었습니다. 결국 다니엘을 고발했던 사람들은 벌을 받고 다니엘은 잘 살게 됩니다. 그리고 다리오 왕은 "그는 사시는 하나님이시오, 영원히 변치 않으실 자시며…그는 구원도 하시며 건져내기도 하시며 하늘에서든 땅에서든 이적과 기사를 행하시는 자이므로"(단 6:26-27) 모두 다니엘의 하나님께 영광을 돌려야 한다는 특별한 조서를 내립니다.

다니엘과 예수님 사이 비슷한 점을 주의해서 보십시오. 두 분 모두 음모를 당했고, 세상 법에 의해 붙잡힙니다. 왕이 봉하고 인을 친 사자 굴과 빌라도가 막아놓은 무덤도 유사합니다. 그러나 여기에는 중요한 차이점이 있습니다.

하나님을 믿은 다니엘은 하나도 다치지 않고 무사히 피할 수 있었는데, 역시 하나님을 믿었던 예수님은 깊이 상처를 입고 죽음까지 내려갔다는 것입니다.

다니엘은 온 마음으로 순종하는 종을 구원하시는 하나님의 능력을 보여주었는데 반해 예수님은 믿는 자를 죽음에서 구원하시는 하나님의 능력을 보여 줍니다. 다니

엘은 히브리서에서도 "저희가 믿음으로 …사자들의 입을 막기도 하며"(단 11:33) 라고 간접 인용됩니다. 아이들이 이 이야기에서 배워야할 궁극적인 교훈은 신앙의 힘입니다. 다니엘은 하나님을 믿고 신뢰했습니다. 다니엘은 하나님께 충성했고, 하나님을 사랑하며 그분께 순종했습니다. 이 시험과 고난을 이기게 한 것은 그의 믿음이었습니다.

아이들의 믿음도 이렇게 성숙하게 해달라고 기도하십시오. 이번 학기 여러분이 가르친 성경이야기들은 그들로 하여금 더욱 깊이 하나님을 신뢰하고 사랑하며 신실하게 그분께 순종하도록 이끌 것입니다.

유치부에 왔어요

▶ 반가워요

가장 아름답고 밝은 미소로 아이들을 맞이해 주세요. 그 환한 미소에 아이를 사랑하는 선생님의 마음이 느껴질 것입니다.

▶ 마음 열기

아이들이 읽어볼 수 있도록 벽면에 이번 과의 암송을 그림과 글씨로 표현하여 붙여 놓습니다. 한쪽에서는 한 구절씩 성경을 펴서 "○장 ○절"이라고 확인하면서 암송합니다.(요한복음 14장 15절, 요한 1서 4장 19절, 시편 8장 1절) 그리고 아이들에게 하나님이 주신 중요한 구절들을 항상 기억하도록 격려해 주세요.

예배 드려요

▶ 찬 양

• 내 하나님은 (Ⓔ)

  내 하나님은 크고 힘있고 능있어 못할 일 전혀 없네
  내 하나님은 크고 힘있고 능있어 못할 일 전혀 없네
  저 산들도 그의 것 골짝도 그의 것 별들도 그의 솜씨
  내 하나님은 크고 힘있고 능있어 못할 일 전혀 없네

➡ 기 도

하나님 아버지! 우리가 말씀을 배우고 순종하기 위해 이 자리에 모였어요. 하나님께 예배 드릴 때 참 기뻐요. 예수님 이름으로 기도합니다. 아멘

➡ 성경 봉독

이것은 성경. (두 손을 모읍니다.)　　　　　활짝 펴요. (책을 펴듯이 펼칩니다.)

다니엘 6장 10절 말씀.　다니엘은 명령문에 왕의 도장이 찍힌 것을 알고 집에 돌아갔습니다. 그리고 그날도 이전에 하던 대로 창문을 열어 둔 다락방에서 예루살렘을 향해 하루 세 번씩 무릎을 꿇고 하나님께 기도드리며 감사를 올렸습니다.

➡ 들어가기

성경책에 '다니엘의 기도하는 모습'을 그린 그림을 끼워넣습니다. 어린이들에게 성경책을 꺼내고, 오늘 이야기의 주인공이 성경책에서 나올 것이라고 이야기합니다. 성경책에서 다니엘을 꺼냅니다. 어린이들에게 누구인지 묻고, 무엇을 하고 있는지 묻습니다. 다니엘에게 어떤 일이 일어났는지 다함께 들어보자고 합니다. 이야기가 끝나면 그림을 한꺼번에 꺼내 놓아 아이들이 전체 이야기를 다시 보게 합니다. 그림을 뒤섞어 놓은 후 아이들로 하여금 이야기 순서대로 늘어놓게 하는 것도 복습에 도움이 됩니다.

➡ 성경 이야기

배낭에서 성경을 꺼내 다니엘 이야기가 나오는 부분(다니엘 6장)을 아이들에게 보여 줍니다. 그리고 이야기 인물과 구두 상자를 꺼내고 이야기를 시작합니다. 시작하기 전 구두상자(비슷한 크기의 약 상자, 바카스 상자 등도 됨) 앞부분을 뚫어 사자 굴 모양으로 만들어 놓습니다.

옛날에 하나님을 무척 사랑한 다니엘이라는 사람이 있었어요. 아주 어려운 순간까지도 다니엘은 항상 하나님을 사랑하고 하나님께 순종했어요. 다니엘을 아는 사람은 모두 다니엘이 하나님을 사랑하고 순종한다는 것을 알았지요. (상자 위에 다니엘을 올려놓는다.)

다니엘의 친구들과 다니엘을 미워하는 사람들은 모두 다니엘이 매일 하나님께 기도하는 것을 지켜볼 수 있었어요. 하루에 세 번 다니엘은 창문을 열고, 무릎을 꿇고 하나님께 기도했어요. (다니엘이 무릎 꿇는 것을 보여준다.)

다니엘은 그곳을 다스리는 다리오왕에게도 무척 신임을 받는 사람이었어요.(다니엘 옆에 왕을 놓는다.) 어느 날 왕은 다니엘을 불러 나라의 크고 중요한 일을 맡겼어요. 다니엘은 그 나라에서 아주 높은 관리가 되었지요.

다니엘이 나라에서 높은 자리에 올랐다는 것을 듣고 다니엘을 미워하는 사람들은 화가 났지요. (왕을 치우고 그 자리에 적들을 놓는다.) 다니엘처럼 중요한 일을 맡고 싶었던 그들은 다니엘을 시기했어요!

"다니엘을 없앨 방법을 찾아야 해!"

그들은 서로 말했어요. 그들은 다니엘이 하는 모든 행동을 감시하면서 다니엘이 하나님께 기도 드리는 것도 지켜봤지요. 그것을 보고 그들은 다니엘로 하여금 왕의 명령을 지키지 못하게 할 음모를 꾸몄어요. 물론 다니엘이 왕의 명령을 따르지 않으면 죽을 수밖에 없을 거예요! 그들은 왕에게 뛰어가서 고개를 숙였어요. (다니엘을 치우고 왕을 놓는다.) 그리고 부드럽게 말했어요.

"오, 다리오 왕이시여. 만세를 누리소서! 우리 모두 다리오 왕만큼 위대한 이는 없다고 생각합니다. 그러니 앞으로 30일 동안 다리오 왕 외엔 아무 것도 기도하지 말라는 명령을 내리소서. 그것을 어기는 사람이 있으면 누구든 사자 굴에 던져 넣어야 합니다. 오, 왕이시여! 서두르소서. 당장 이 법을 만들어 기록하소서!"

다리오 왕은 잠시 생각했어요, 그리고 결국 "아주 훌륭한 법이로구나."라고 말했고, 누구도 그 법을 바꾸지 못하도록 새법을 만들어 왕의 도장을 "꽝!" 찍었어요. 이제 그 나라의 모든 사람들은 다리오 왕에게만 기도하고 절해야 하는 것이었지요.

(모두 치우고 무릎 꿇고 있는 다니엘을 놓는다.) 다니엘도 이 새로운 법에 대해 들었지만, 집으로 돌아간 후 윗층에 올라가 창문을 열었어요. 그리고 보통 때처럼 무릎을 꿇고 기도했어요. 왕이 만든 새 법을 따르는 것보다 하나님께 순종하는 것이 훨씬 더 중요하다는 것을 다니엘은 알았지요. 다니엘은 늘 그랬던 것처럼 기도했어요. 그는 늘 그래왔듯 그날도 하루에 세 번 하나님께 기도했어요.

다니엘의 적들은 감시하며 기다리고 있었어요. (적들을 놓는다.) 다니엘이 하나님께 기도하는 것을 보고 그들은 다리오왕에게 달려가 말했어요. (다니엘을 치우고 왕을 놓는다.)

"오 왕이시여. 다니엘이 벌써 당신이 만든 법을 따르지 않았습니다! 당신이 만든 법에 따라 그는 벌을 받아야 돼요. 왕의 법은 바뀔 수 없다는 것은 왕께서도 아시지 않습니까?"

다리오 왕은 마음이 아팠어요. 왕은 정말 다니엘을 좋아했거든요. 그는 다니엘이 다치는 것을 원치 않았어요. 그는 다니엘을 살릴 수 있는 법을 생각하고 또 생각했어요. 그러나 사자 굴에 던져야 한다는 법을 바꿀 수는 없었어요. 다니엘을 굶주린 사자들이 으르렁거리는 사자 굴에 던져 넣으라고 명령하면서 왕은 정말 슬펐어요. (적을 치우고 무릎 꿇고 있는 다니엘과 사자들을 구두 상자 앞에 놓는다.)

왕은 "다니엘아 네가 매일 기도하는 하나님이 너를 구원하시리라!"고 말했어요. 왕의 신하들은 다니엘을 사자 굴에 집어넣고 돌문을 쾅하고 닫아버렸어요. 배고픈 사자 굴에 들어간 다니엘은 어떻게 되었을까요? 사자 굴 안에서 다니엘은 편안히 쉬고 있었어요. 사자들은 조용히 어슬렁거렸는데, 입을 꽉 다물고 있고 친절해 보이기까지 했어요. 사자 굴은 밤새도록 아주 조용했어요.

그러나 왕은 궁중에서 잠도 자지 못하고 다니엘을 걱정했어요. 다음날 아침 일찍 왕은 무슨 일이 일어났는지 급히 사자 굴로 갔어요. 가까이 가서 그는 "다니엘! 다니엘! 살아계신 하나님의 종 다니엘아, 하나님이 굶주린 사자들에게서 너를 구해낼 수 있었느냐?"고 소리쳤어요.

"오, 왕이시여! 만세를 누리소서. 내 하나님이 천사를 보내 사자들의 입을 막았습니다. 사자들은 나를 해치지 않았어요!"

다니엘의 목소리를 들었을 때 왕이 얼마나 놀랐을지 상상할 수 있나요? 다니엘의 목소리를 듣고 왕은 정말 기뻤어요! 사자 굴에서 다니엘이 올라왔을 때 왕은 그 말이 사실이라는 것을 알게 되었어요. 다니엘은 하나도 다치지 않았어요. 멍든 곳도, 물린 곳도, 심지어 긁힌 곳도 없었어요. (왕 옆에 다니엘을 세운다.)

다리오 왕은 모든 백성들에게 이렇게 선포했어요. "내 땅에 사는 사람들은 모두 다니엘의 하나님께 영광을 드려라. 다니엘의 하나님은 사자 굴에서 그를 구해 내셨다. 다니엘의 하나님은 강하고 전능하신 살아 계시는 하나님이시다! 내 나라에 사는 백성들은 모두 다니엘의 하나님을 두렵고 떨림으로 섬겨야 한다. 하나님의 나라는 결코 망하지 않으며 하나님의 다스리심은 영원할 것이다."

다니엘을 구하신 우리 하나님을 찬양합니다.

우리 반에 모여요

➡ **출석 확인**

아이들이 자신의 출석표에 표시하도록 시간을 주십시오. (스티커를 나눠주는 것도 좋은 방법입니다.)

➡ **이야기 나누기**

하나님의 말씀을 다시 한 번 생각하며 이해하도록 돕는 질문들입니다. 이 질문들을 어린이들과 나누면서 어린이들 스스로 말씀을 생각하고 느끼게 합니다.

- 사자 굴에 던져질 것을 알면서도 다니엘은 왜 하나님께 기도했을까요?
- 다니엘이 세 친구들과 비슷한 점은 무엇일까요?
- 다니엘은 하나님이 그와 함께 하실 것이라는 사실을 확실히 알았을까요?
- 다리오 왕이 하나님에 대해 어떤 것을 알게 되었을까요?
- 어떤 때에 하나님은 나와 함께 하실까요?

지난 주 동안 하나님께 순종하기 어려웠던 적은 없었는지 아이들에게 물어봅니다. 이때 선생님 자신이 불순종했고 또 용서받았던 순간에 대해서도 이야기하십시오. 어른도 아이와 마찬가지로 하나님께 순종해야 하며, 불순종 후 뉘우쳤을 때 사랑이 깃든 하나님의 용서를 받는다는 사실을 아이들이 알게 됩니다.

> **선생님, 잠깐만요!**
> 다니엘의 순종에는 하루 세 번 기도하는 믿음의 훈련이 있었습니다. 아이들에게 매일 기도하는 습관이 하나님의 뜻을 순종하는데 큰 도움이 된다는 것을 이야기해주세요.

➡️ 소그룹 활동

1. 하나님만 사랑한 다니엘(플랩 북 만들기)

- 활동목표 : 하나님만 사랑한 다니엘에 대해 이야기할 수 있습니다.
- 준비물 : 교회학교용 교재 24, 31쪽, 가위, 풀
- 활동방법 : 1) 교회학교용 교재 24쪽의 그림에 칼선 표시를 따라 창문과 동굴 문을 열고 뒤쪽 풀칠 표시 부분에 31쪽 그림을 붙입니다.
  2) 기도하는 다니엘의 그림을 떼어 끈 인형을 만들어 붙입니다.
  3) 다니엘의 그림을 움직이며 '하나님만 사랑한 다니엘'의 이야기를 꾸며 봅니다.

 하나님만 사랑해요! 하나님만 찬양해요!

➡️ 간식

아이들의 영양을 고려한 간식을 준비합니다.

 다함께 모여요

1. 서로 나누어 읽기

교독을 하기 전 아이들이 해야 할 부분을 몇 번 연습시키십시오.
(다니엘처럼 무릎을 꿇고 기도하는 것도 좋습니다.)

교 사	하나님 아버지, 우리는 부모님 말씀을 잘 듣겠습니다.
아이들	순종할 수 있도록 도와주세요!
교 사	매일 친구들과 사이좋게 지내겠습니다.
아이들	순종할 수 있도록 도와주세요!
교 사	공부할 때나 놀 때에도 하나님을 기쁘시게 하겠습니다.
아이들	순종할 수 있도록 도와주세요!
교 사	매일 하나님께 기도 드리겠습니다.
아이들	순종할 수 있도록 도와주세요!
모 두	예수님 이름으로 기도합니다. 아멘.

2. 마음에 새겨요

회상하기 질문을 통해 아이들은 오늘 배운 성경 말씀을 삶 속에서 적용할 수 있도록 도움 받을 수 있답니다.

- 하나님을 사랑한 다니엘에게 무슨 일이 일어났나요?
- 하나님은 다니엘을 어떻게 지켜주셨나요?
- 다니엘이 순종했을 때 하나님의 마음은 어떠셨을까요?
- 나는 언제, 어디에서 기도할 수 있나요?

기도) 언제나 우리를 사랑하시는 하나님! 다니엘을 구해 주신 놀라우신 하나님을 찬양합니다. 나도 다니엘처럼 순종하기 어려울 때에도 순종할 수 있도록 도와주세요. 예수님의 이름으로 기도합니다. 아멘.

➡ 광 고

가정용 교재로 오늘 배운 성경 이야기를 집에서 복습하도록 광고해 주십시오.

4. 마침 인사

마치는 노래를 부르며 집으로 돌아갑니다.

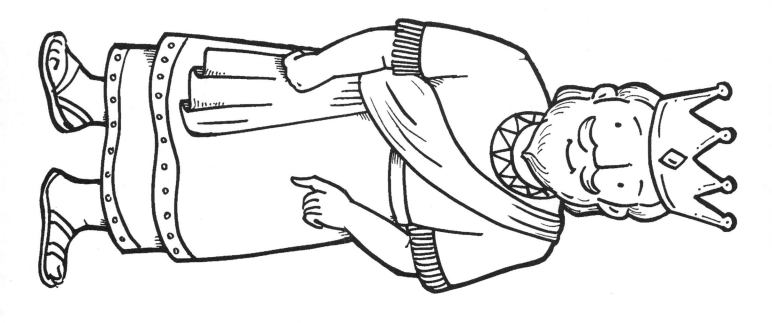

12 반석 위에 세운 집

성 경	마태복음 7장 24~27절
암 송	여호와 우리 주여, 주의 이름이 온 땅에 어찌 그리 아름다운지요. (시편 8:1)
포인트	예수님은 우리가 예수님께 순종함으로써 우리의 삶이 견고해진다는 것을 가르쳐 주세요.

◎ 이 과의 목표

믿음의 성숙 (교사와 어린이)

• 예수님의 말씀이 우리의 삶을 깨우쳐주심을 알게 됩니다.

• 오늘 배운 말씀이 우리의 말과 행동으로 우리의 삶에서 나타나게 됩니다.

• 범사에 순종하는 삶을 살게 됩니다.

성경에 대한 이해 (어린이)

• 오늘 배운 성경 이야기를 다시 말할 수 있습니다.

• 지혜로운 사람은 어디에 집을 짓는 사람인지 이야기해 봅니다.

• 반석이신 예수님 위에 집을 짓는 지혜로운 사람이 되기 원합니다.

믿음의 본보기 (교사)

예수님의 말씀대로 행하는 반석 위에 집을 짓는 지혜로운 사람이 되자고 하는 선생님의 바램을 이야기하세요.

◎ 한눈에 보는 오늘의 예배

순 서	소요시간	활동계획
유치부에 왔어요	예배 전	반가워요 · 마음 열기
예배드려요	35–40분	찬양 · 기도 성경 봉독 · 성경 이야기
우리 반에 모여요	15–20분	출석 확인 · 이야기나누기 소그룹 놀이 활동(집을 지어보자 / 모래와 돌 비교하기 중 택일)
다함께 모여요	10분	대그룹 놀이 활동(튼튼한 집) 마음에 새겨요 · 광고 · 마침 인사

* 위의 순서는 각 교회학교의 사정에 따라 다르게 진행될 수 있습니다.

▣ 이 과를 준비하는 선생님들께

예수님의 산상수훈 마지막 부분에서 말씀하신 반석 위에 집을 짓는 사람과 모래 위에 집을 짓는 어리석은 사람에 대한 비유는 마치 우리가 양갈래 길에 서 있는 것 같습니다. 어떻게 사는 것이 의로운 삶인지에 대해서 말씀하시고 가르치신 후에, 예수님은 두 가지 삶의 방식 – 예수님의 말씀대로 살아가는 삶과 그렇게 살지 않는 삶 – 에 대해 말씀하심으로써 우리를 깨우쳐주십니다. 예수님의 말씀대로 살아 갈 때는 견고한 삶을 살아 갈수 있지만, 예수님의 말씀대로 살아가지 않을 때 어려운 일에 부딪히게 되면 우리의 삶이 흔들리게 됩니다. 선택의 결과는 분명하고도 단순합니다.

"분명하고도 단순하다."는 것은 예수님의 가르침을 생각해 보면 쉽게 이해할 수 있습니다. "바위"는 집을 짓기에 적당한 장소가 아닙니다. 더군다나 집을 짓는 것도 쉽지 않지요. 하지만, 반석 위에 지은 집은 견고합니다. 모래 위에 집을 짓는 다면, 집을 짓기는 쉽지만 폭우가 쏟아지면, 빗물에 쓸려 내려가 버립니다. 선택의 결과는 분명하지요. 예수님은 두 가지 선택과 그에 따른 결과를 말씀하신 것입니다. 예수님은 여러분에게 이렇게 질문하고 계십니다. "어떤 삶을 살기 원하느냐? 현명한 삶을 살기 원하느냐, 아니면 어리석은 삶을 살기 원하느냐?"

물론, 답은 현명한 삶을 사는 것입니다. 지혜로운 선택은 우리가 견고한 삶을 살 수 있도록 합니다. 하지만 그 외에 또 다른 이유가 있습니다. 그것은 우리는 먼저 예수님을 신뢰해야 한다는 것입니다. 예수님은 축복에 대해 말씀하신 뒤 우리가 세상에서 소금과 빛으로 살아야 한다고 말씀하셨습니다. 예수님은 살인, 간음, 이혼, 복수, 자비, 기도에 대해 말씀하시면서 "율법을 성취하는 방법"에 대해 말씀하셨습니다. 성경구절 "그러므로 내가 하는 말을 듣고……" 중 강조한 부분은 "내가"입니다. 예수님의 말씀이외에는 아무것도 아니라는 것입니다.

물론, 답은 현명한 삶을 사는 것입니다. 지혜로운 선택은 우리가 견고한 삶을 살 수 있도록 합니다. 하지만 그 외에 또 다른 이유가 있습니다. 그것은 우리는 먼저 예수님을 신뢰해야 한다는 것입니다. 예수님은 축복에 대해 말씀하신 뒤 우리가 세상에서 소금과 빛으로 살아야 한다고 말씀하셨습니다. 예수님은 살인, 간음, 이혼, 복수, 자비, 기도에 대해 말씀하시면서 "율법을 성취하는 방법"에 대해 말씀하셨습니다. 성경구절 "그러므로 내가 하는 말을 듣고……" 중 강조한 부분은 "내가"입니다. 예수님의 말씀이외에는 아무것도 아니라는 것입니다. 오직 말씀만이 길이요, 진리요, 생명이며, 말씀만이 삶에 대한 분명한 가르침입니다.

우리가 반석 위에 집을 지을 또 다른 이유를 설명하기 원합니다. 시편 62편 5~7절에서 다윗은 "내 영혼아, 조용히 하나님만 바라라. 내 소망이 그분에게서 나오는구나. 그분만이 내 바위시며 내 구원이시다. 그분이 내 산성이시니 내가 흔들리지 않으리라. 내 구원과 명예가 하나님께 달려있다. 그분은 든든한 반석이시며 피난처시다." 라고 노래합니다. 이 다윗의 고백에서 알 수 있듯이 하나님은 다윗의 바위이시고, 반석이셨습니다. 하나님은 우리의 굳건한 바위이시고 영원한 피난처이십니다. 반석이신 하나님위에 집을 짓는다면, 다윗이 그러했듯이 우리에게 어렵고 힘든 일들이 갑자기 닥쳐와도 우리는 무너지지 않을 것입니다.

이제 신약성경 베드로전서 2장 4~8절 말씀을 보기 원합니다. "사람에게는 버림을 당하셨으나 하나님께는 택하심을 받은 보배로운 산돌이신 예수께 나아가 여러분 자신도 산돌들처럼 신령한 집으로 세워지십시오. 그래서 예수 그리스도로 인해 하나님께서 기쁘게 받으실 만한 제사를 드리는 거룩한 제사장이 되십시오. 성경에 기록되기를 '보라. 내가 택한 보배롭고 요긴한 모퉁잇돌을 시온에 둔다. 그를 믿는 사람은 결코 수치를 당하지 않을 것이다' 라고 했습니다. 그러므로 믿는 여러분에게는 보배지만 믿지 않는 사람들에게는 '건축자들의 버린 돌이

모퉁이의 머릿돌이 됐다' 고 했고 또한 '거치는 돌과 넘어지게 하는 바위가 됐다' 고 했습니다. 그들이 말씀에 순종하지 않으므로 넘어지니 이는 그들이 그렇게 되도록 정하셨기 때문입니다."

우리는 어떤 것을 선택해야 할까요? 요한복음 14장 31절에서 예수님은 제자들에게 이렇게 말씀하셨습니다. "다만 내가 아버지를 사랑한다는 것과 아버지께서 내게 명령하신대로 내가 행한다는 것을 세상에 알리려는 것이다." 그렇습니다. 이것이 우리가 찾고 있던 바로 그 해답입니다. 예수님은 우리에게 가르치신 그대로 행하셨나요? 대답은 "예"입니다. 반석이신 예수님은 또한, 다윗과 우리의 피난처이자 요새이신 하나님위에 세워졌습니다. 하나님의 아들이신 예수님은 아버지이신 하나님이 말씀하신대로 행하셨습니다. 아들이신 예수님은 아버지에게 순종하셨습니다. 반석이신 예수님은 또한 반석이신 하나님 위에 세워지신 것입니다. 곧 예수님은 자신이 행한 그대로 우리도 행할 것을 가르쳐 주셨습니다. 이제 우리는 어떻게 해야 할 까요?

우리가 매일 매일 하게 되는 선택은 영적인 집을 짓는 방법을 선택하는 것이라고 볼 수 있습니다. 우리의 모든 결정, 모든 생각, 모든 행동은 반석위에 집을 짓거나, 아니면 모래 위에 집을 짓게 되는 것이지요. 반석 위에 지어진 모든 것은 무너지지 않습니다. 왜냐하면 반석은 예수님이시기 때문입니다. 예수님의 말씀을 배우고, 배운 말씀대로 행함으로써 반석이신 예수님 위에 견고하게 세워져 가는 선생님이 되시길 소망합니다.

유치부에 왔어요

▶ **반가워요**
어린이들의 두손을 맞잡고 함께 뛰며 반깁니다.

▶ **마음 열기**
1. 블록 쌓기 놀이를 합니다. 혹시 가능하다면 모래더미에서 집짓기 놀이를 하는 것도 좋습니다.
2. 두 가지 재료(하나는 튼튼한 재료, 다른 하나는 가벼운 재료 - 예를 들어 색종이로 만든 집과 블록으로 만든 집)로 집을 만들고 입김으로 불어 넘어뜨리는 놀이를 합니다.

예배 드려요

▶ **찬 양**
• 예수님께 기도해
  이럴까 저럴까 마음 나뉠 때 나는 예수님께 기도해

이럴까 저럴까 마음 나뉠 때 나는 예수님께 기도해

예수님 어떻게 할까요 예수님 내 마음의 나침반

이럴까 저럴까 마음 나뉠 때 예수님처럼 선택해

➡ 기 도

하나님 아버지! 우리가 말씀을 배우고 순종하기 위해 이 자리에 모였어요. 하나님께 예배 드릴 때 참 기뻐요. 예수님 이름으로 기도합니다. 아멘

➡ 성경 봉독

이것은 성경. (두 손을 모읍니다.)　　　　　활짝 펴요. (책을 펴듯이 펼칩니다.)

마태복음 7장 24-27절 말씀.　그러므로 내가 하는 말을 듣고 그대로 실천하는 사람은 바위 위에 집을 지은 지혜로운 사람과 같다. 비가 내려 홍수가 나고 바람이 불어 세차게 내리쳐도 그 집은 무너지지 않았다. 바위 위에 기초를 세웠기 때문이다. 그러나 내가 하는 말을 듣고도 실천하지 않는 사람은 모래 위에 집을 지은 어리석은 사람고 같다. 비가 내려 홍수가 나고 바람이 불어 세차게 내리치니 그 집은 여지없이 모두 다 무너졌다."

➡ 들어가기

집 모형을 준비합니다. 어린이들이 잘 알고 있는 노래 '달팽이집을 지읍시다.'를 부르며 달팽이도 집을 짓는다는 것을 말합니다. 친구들이 사는 집은 어디인지 물어 봅니다.다양한 대답이 나올 것입니다. 집 모형을 보여주며 이렇게 예쁘고 멋진 집을 만들었지만 어디에 세우느냐가 더 중요하다고 말합니다. 어디에 세워야 온 가족들이 오랫동안 안전하게 살 수 있는 지 오늘 성경 이야기를 통해 듣겠다고 합니다.

➡ 성경 이야기
현명한 건축가와 어리석은 건축가

나오는 이들	무대 장치
김 빌라 : 새집짓기 텔레비전 프로그램 진행자	무대를 두 군데로 나누어서 설치한다
하 바위 : 바위 건설회사 사장 (작업복/ 청바지 건설 헬멧 연장도구)	한쪽은 큰 바위, 벽돌, 망치, 톱 같은 연장들을 직접 장식하거나 만들어서 붙인다
예 큰돌 : 바위 건설회사 직원 (작업복/ 청바지 건설 헬멧 연장도구)	다른 쪽은 모래성, 모래놀이 도구, 서프보드 등으로 장식한다.
나 모래 : 모래 건설회사 사장 (휴가복 차림/ 모래 놀이 도구)	
다 흔들 : 모래 건설회사 직원 (휴가복 차림/ 모래 놀이 도구)	

감독 (목소리만 들린다) 자, 갑니다. 오, 사, 삼, 이, 일, 큐

김 빌라　　신사 숙녀 어린이 여러분, 안녕하십니까? 저는 새 집 짓기 진행자 김 빌라입니다. 여러분은 오늘 집 짓기에 가장 중요한 부분인 토대에 대해 배워보겠습니다. 토대란 집을 짓는 바닥을 말합니다. 어디에 집을 짓는것이 좋은지 우리는 두 건설회사 사장님을 만나서 알아보도록 하겠습니다. 우선 먼저 바위

	건설회사 하 바위 사장님을 만나보도록 하겠습니다. 하 바위 사장님, 만나서 반갑습니다
하 바위	네, 반갑습니다. 김 빌라 선생님. 이쪽은 저희 회사직원, 예 큰돌 씨입니다
김 빌라	예, 큰돌 씨 반갑습니다. 오늘 두 분에게 아주 중요한 질문이 있습니다. 어디에 집을 짓는 것이 가장 좋은가요? 나무인가요? 돌인가요? 진흙인가요?
하 바위	집을 짓기 가장 좋은 토대가 있습니다.
예 큰돌	그렇습니다. 가장 좋은 토대가 있습니다.
하 바위	큰 돌입니다.
예 큰돌	사장님, 부르셨습니까?
하 바위	아니, 자네를 부른 것이 아니라 가장 좋은 토대가 큰 돌 바위라는 것일세.
예 큰돌	아, 예!
김 빌라	뭐라고요? 다시 한 번 말해주시겠습니까?
하 바위	집을 짓기 가장 좋은 토대는…….
김 빌라	집을 짓기 가장 좋은 토대는…….
하 바위	큰 돌 바위입니다.
예 큰돌	사장님, 부르셨습니까?
김 빌라	아닙니다. 큰돌 씨. 알겠습니다. 바위 위에 집을 지으면 어떤 폭풍이 와도 끄떡 없겠군요.
하 바위	그렇습니다. 바위 위에 집을 짓는것은 성경 말씀을 읽고 그대로 순종하는 것과 같습니다. 말씀을 읽고 순종하면 하나님께서 여러분을 강하고 멋지게 만들어 주십니다. 여러분에게 힘을 주시고 축복해 주십니다. 큰 돌 밖에 없습니다.
예 큰돌	사장님 부르셨습니까?
하 바위, 김 빌라(동시에)	No, No, No, 당신말고요 토대 말입니다.
하 바위	며칠 있으면 폭풍이 올 것 같군요. 우리는 열심히 일하러 가야겠습니다. 집을 짓기 원하시는 분은 저희 바위 건설회사를 불러주십시오. 바위 위에 집을 지으면 영원히, 영원히, 영원히 튼튼합니다.
김 빌라	감사합니다. 자 이번에는 모래건설회사 나 모래 사장님을 만나보도록 하겠습니다. (다른 쪽 무대로걸어가며) 나 모래 사장님 안녕하십니까? 이곳은 완전히 다른 토대네요.
나 모래	만나서 반갑습니다. 나는 모래건설회사 사장 나 모래에요. 이쪽은 다 흔들 우리 회사 직원이에요. 인사하세요.
김 빌라	안녕하세요, 다 흐들 씨? 만나서 반갑습니다
다 흔들	다 흐들이 아니라 다 흔들입니다. 다 흔들어 보세요. 흔들, 흔들, 흔들, 흔들, 다 흔들입니다 (모든 사람이 같이 흔든다)
김 빌라	아, 나의 실수. 다 흔들씨, 나 모래 사장님. 어디에 집을 짓는것이 가장 좋습니까? 집을 짓기는 하시죠?
나 모래	그럼요. 우리는 이 세상에서 가장 좋은 토대에 집을 짓습니다. 자 이것입니다. (모래를 보여준다.)
김 빌라	아! 모래로 만든 콩크리트 위에 집을 짓는다는 말이죠?
나 모래	아니요. 왜 힘들게 모래로 콩크리트를 만듭니까? 그냥 모래 위에 지어요.

다 흔들	그냥 모래 위에 지어요.
김 빌라	(놀라며) 모래 위에요? 폭풍이 오면 어떻게 합니까? 비가 오고, 바람이 불고, 파도가 치면 집은 괜찮습니까?
다 흔들	당연히 안 괜찮죠. 폭풍이 치면 흔들, 흔들, 흔들 다 흔들 무너져 버리죠.
나 모래	작년에 40채를 지었는데 37채가 무너졌어요. 걱정마세요. 모래는 많이 있어요. 집은 다시 금방 지을 수 있어요.
김 빌라	무너진 집 주인들이 다시 지어달라고 연락을 하던가요?
나 모래	아니요. 왜 연락을 안 했을까. 참 궁금하네.
김 빌라	이제부터는 바위에 집을 지으시면 어떨까요? 하나님께서도 우리에게 바위 위에 집을 지으라고 하셨어요.
나 모래	음… 좋은 생각입니다. 생각해 보죠. 그래도 당장은 빨리 지어야 하니까 모래 위에 지어야겠어요. 자, 다음에 다시 봐요.
김 빌라	(무대 중앙으로 옮기며) 오늘 여러분은 두 분의 건축가를 만났습니다. 하 바위 씨는 큰 돌 바위 위에 집을 짓습니다. 그것은 성경을 읽고 그대로 순종하는 것과 같습니다. 아무리 큰 폭풍이 와도 끄떡없습니다. 그러나 나 모래씨는 모래 위에 아무렇게나 집을 짓습니다. 약한 비바람에도 금방 무너져요. 그것은 하나님 말씀대로 살지 않는 것과 같습니다. 여러분은 어떤 토대 위에 집을 짓겠습니까? 자 다음 시간까지 안녕히…… 저는 새 집 짓기의 김 빌라였습니다.

우리 반에 모여요

▶ **출석 확인**

아이들이 자신의 출석표에 표시하도록 시간을 주십시오.

▶ **이야기 나누기**

하나님의 말씀을 다시 한 번 생각하며 이해하도록 돕는 질문들입니다. 이 질문들을 어린이들과 나누면서 어린이들 스스로 말씀을 생각하고 느끼게 합니다.

• 모래 위에 지은 집과 반석 위에 지은 집 중에서 바람이 불어도 쓰러지지 않는 것은 무엇일까요?

• 반석 위에 집을 짓는다는 것은 어떻게 사는 것일까요?

• 하나님 말씀대로 살지 않는 것은 어떤 곳에 집을 짓는 것과 마찬가지인가요?

➡️ 소그룹 활동

1. 반석 위의 집(부채 만들기)

■ 활동목표 : 반석이신 예수님의 말씀에 순종하는 지혜로움을 배웁니다.

■ 준비물 : 교회학교용 교재 26쪽, 나무젓가락 또는 나무 막대, 투명테이프, 털실, 구슬이나 곡식 또는 단추

■ 활동방법 : 1) 교회학교용 교재 26쪽의 그림에 나무젓가락을 붙여 부채를 만듭니다.

2) 털실 끝에 구슬, 곡식, 단추 등을 달아 여러 가닥을 만들어 부채 위에 붙입니다.

3) 부채를 흔들며 빗소리를 만들고 반석 위에 지은 집이 예수님의 말씀에 순종하는 것임을 깨닫습니다.

 예수님의 말씀대로 살아요!

➡️ 간식

사각형의 비스킷과 사탕류를 이용하여 집을 짓고 지혜로운 건축자나 어리석은 건축자의 이야기를 나눌 수 있는 간식도 좋습니다.

 다함께 모여요

1. 듣고 행하기

■ 활동목표 : 예수님께 우리가 들은 대로 행할 수 있도록 도와 달라고 간구합니다.

■ 활동방법 : 1) 모두 일어서서 사회자의 말을 듣고 게임의 규칙을 이야기합니다.

(규칙: 예수님이 원하는 것을 말하면 반석 위에 세워진 집처럼 똑바로 서고, 예수님이 우리가 하길 원하지 않으시는 것을 말하면 어리석은 사람의 집처럼 바닥에 엎드리는 거예요.)

2) 문장 예시

– 예수님은 우리가 성경 말씀을 듣기를 원하세요. (○)

– 예수님은 우리가 성경 말씀을 안지켜도 된다고 하셨어요. (×)

– 예수님은 우리가 모래 위에 집을 세운 사람처럼 되길 원하세요. (×)

– 우리가 성경 말씀을 잘 듣고, 들은 대로 행한다면, 예수님은 우리가 지혜롭다고 하세요. (○)

– 예수님은 우리가 순종하기를 원하세요. (○)

– 예수님은 우리가 나만 생각하는 사람이 되기를 원하세요. (×)

– 예수님은 우리가 이웃을 사랑하는 사람이 되기를 원하세요. (○)

– 예수님은 우리가 주일에만 기도하길 원하세요. (×)

– 예수님은 우리의 기도를 언제나 듣고 싶어하세요. (○)

– 예수님은 우리가 화내는 사람이 되기를 원하세요. (×)

– 예수님은 우리가 다른 사람들에게 친절하길 원하세요.

– 예수님은 우리에게 필요 없는 말씀을 해 주세요. (×)

– 예수님은 우리에게 항상 진리를 말씀해 주세요. (○)

3) 예수님의 말씀을 잘 듣고, 들은 대로 행하는 지혜로운 사람이 되게 해달라는 기도로 마무리 합니다.

2. 마음에 새겨요

회상하기 질문을 통해 아이들은 오늘 배운 성경 말씀을 삶 속에서 적용할 수 있도록 도움 받을 수 있답니다.

• 누가 모래위에 집을 지을까요?

• 반석 위의 집은 무엇을 말하나요?

• 나는 어디에 집을 짓고 싶은 가요?

기도) 언제나 선하신 방법으로 나를 이끌어 주시는 하나님, 감사합니다. 늘 하나님께 속하여 살 수 있도록 도와주세요. 예수님의 이름으로 기도합니다. 아멘.

➡ 광 고

가정용 교재로 오늘 배운 성경 이야기를 집에서 복습하도록 광고해 주십시오.

4. 마침 인사

마치는 노래를 부르며 집으로 돌아갑니다.

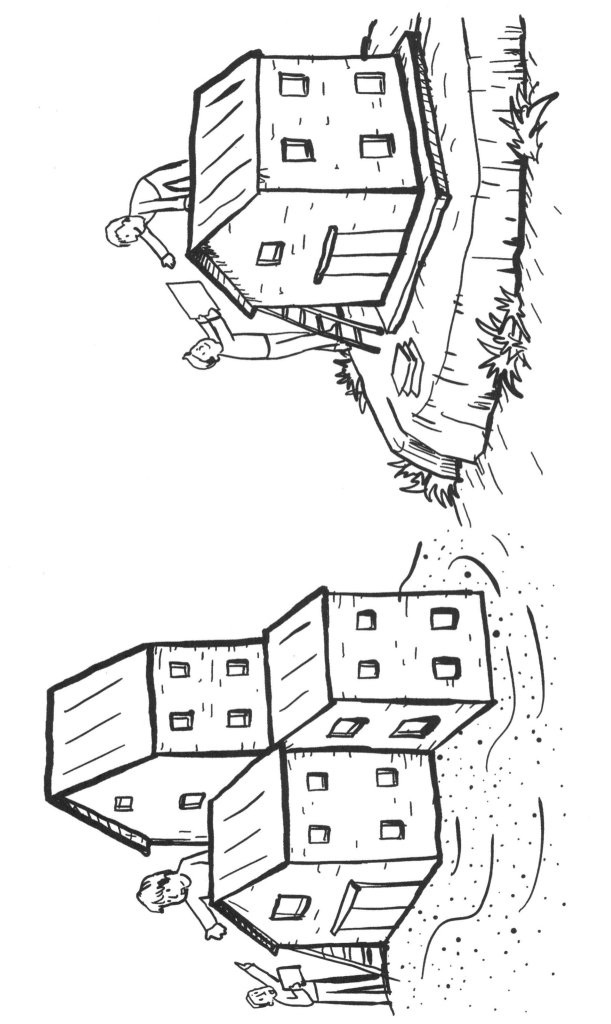

 선한 사마리아 사람

성 경	누가복음 10장 25~37절
암 송	여호와 우리 주여, 주의 이름이 온 땅에 어찌 그리 아름다운지요. (시편 8:1)
포인트	예수님은 누가 우리의 이웃이고, 우리는 우리의 이웃을 사랑해야 함을 가르쳐주셨어요.

◎ 이 과의 목표

믿음의 성숙 (교사와 어린이)

• 우리의 사랑이 행동으로 표현될 때 하나님을 믿는 가족들이나 그렇지 않은 사람들을 동일하게 사랑할 수 있음을 알게 됩니다.

• 사랑하기 힘든 사람도 사랑할 수 있는 온유한 태도와 사랑이 넘치는 마음을 가지게 됩니다.

• 하나님이 아이들을 사랑한 것처럼, 아이들도 서로 사랑하는 것을 배우게 됩니다.

성경에 대한 이해 (어린이)

• 하나님은 예수님을 통해서 우리를 향한 하나님의 사랑을 보여주셨다는 것을 알게 됩니다.

• 다른 사람들을 사랑하고, 그들에게 선한 일을 하는 것이 예수님께 감사 드리는 우리의 마음을 표현하는 것임을 깨닫게 됩니다.

• 하나님은 우리가 사랑하는 사람들에게나 사랑하기 힘든 사람들에게나 똑같이 친절하게 대하기 원하심을 알게 됩니다.

믿음의 본보기 (교사)

예수님은 우리 모두의 마음속에 계시고, 우리가 모든 사람들을 행동으로 사랑하는 것을 나타낼 수 있도록 도와주실 것이라고 말씀 하세요.

◎ 한눈에 보는 오늘의 예배

순 서	소요시간	활동계획
유치부에 왔어요	예배 전	반가워요 · 마음 열기
예배드려요	35–40분	찬양 · 기도 성경 봉독 · 성경 이야기
우리 반에 모여요	15–20분	출석 확인 · 이야기나누기 소그룹 놀이 활동(사이좋은 이웃)
다함께 모여요	10분	대그룹 놀이 활동( ) 마음에 새겨요 · 광고 · 마침 인사

* 위의 순서는 각 교회학교의 사정에 따라 다르게 진행될 수 있습니다.

◎ 이 과를 준비하는 선생님들께

모든 예수님의 비유 말씀에서와 같이, 선한 사마리아인 이야기는 천국에서의 삶을 보여주는 것 같은 비유입니다. 예수님은 원수일 지도 모르는 이웃을 사랑하는 모습을 단순히 보여주십니다. 하나님의 말씀을 몇 군데 찾아보면서 이 비유 말씀이 진정으로 의미하는 것을 깨닫기 원합니다.

예수님이 십자가에 못 박히시기 바로 그 전날, 예수님은 제자들의 발을 씻어주면서 제자들에 대한 예수님의 사랑을 나타내셨습니다. 그리고는 예수님이 하신 것처럼 다른 사람들에게도 하라고 가르쳐 주셨습니다. (요 13:14).

우리의 구원자이며 왕이신 주님이 겸손하게 제자들의 발을 씻기시는 감동적인 모습은 결국에는 성별(聖別 : 거룩하게 되어가는 것 또는 예수님처럼 믿음의 발걸음을 걷는)에 관한 어떤 선하면서도 강력한 원리를 이끌어냅니다. 예를 들면, 요한은 기독교적인 삶은 사랑에 관한 것이 전부이고, 사랑은 행동을 통해서 나타난다고 말합니다(요일 3:18). 예수님의 동생인 야고보는 "행함이 없는 믿음은 죽은 것입니다.(약 2:26)"와 같이 잘 알려진 말씀으로 이것을 뒷받침하고 있습니다.

또한 바울은 이렇게 권면합니다. : "그러므로, 기회가 닿는 대로 모든 사람에게 선한 일을 하되 특히 믿음의 가족들에게 합시다."(갈 6:10). 이 말씀을 들으면서 우리는 바울의 권면을 받아들입니다. 우리는 착한 일을 하는 것에 대해 호의적입니다. 특히 믿음의 가족들에 대해 사랑을 베푸는 것에 대해서는. 단순하게, 그들은 우리 가족이니까 하고 생각하며 흔쾌히 동의합니다.

또한 야고보는 우리가 행동으로 사랑해야 할 사람에 대해 말씀하고 있습니다: "하나님 아버지 앞에서 정결하고 흠이 없는 경건은 환난 가운데 있는 고아와 과부를 돌보며 세상으로부터 자신을 지켜 물들지 않도록 하는 것입니다(약 1:27). 누구나 고아나 과부를 보면 도와주고 싶다는 마음이 들고 조금이나마 도와주려고 노력합니다. 고아나 과부를 도와주면서 불평하는 사람은 거의 없을 것입니다.

하지만, 선한 사마리아인 비유 말씀은 "우리 이웃은 누구인가?"에 대해서 더 많이 생각하게 합니다. 우리는 더듬거리며 − '예수님, 내가 싫어하는 사람들을……(침을 꿀꺽 삼키고는)…… 도와주길 원하십니까?' 하고 말합니다. 그리고 "그렇단다." 하고 예수님은 산상설교에서 말씀하십니다. "'네 이웃을 사랑하고 네 원수를 미워하라'는 말도 너희가 들었다. 그러나 나는 너희에게 말한다. 너희 원수를 사랑하고 너희를 핍박하는 사람을 위해 기도하라."(마 5:43~44)

이것은 예수님만의 새로운 가르침은 아닙니다. 잠언 25장 21절에서도 명확하게 볼 수 있는 말씀입니다. : "네 원수가 굶주리면 먹을 것을 주고 그가 목마르 하면 마실 물을 주어라." 예수님은 하나님 아버지가 구약에서 말씀하셨던 것을 다시 이곳에서 보여주고 가르쳐주시는 것뿐입니다. 사도 바울 역시 "원수를 사랑할 것"을 말씀 했습니다. : "여러분을 핍박하는 사람들을 축복하십시오. 축복하고 저주하지 마십시오."(롬 12:14)

물론, 그렇게 행하기에 어려움이 있습니다. 피하고 싶기도 합니다. 우리는 이렇게 흔히 이렇게 생각합니다.: "이웃을 사랑하고 고아와 과부를 돌보는 것은 할 수 있어. 하지만, 원수를 사랑하라고? 그건 다른 이야기지."

하지만, 하나님은 말씀하십니다. "그건 다른 이야기가 아니다. 나의 일이고, 사랑하는 너의 일이다." 기억하느

> 이제 우리는 우리를 하나님과 화목하게 하신 우리 주 예수 그리스도로 인해 하나님 안에서 기뻐합니다."(롬 5:6~11) 하나님은 우리가 하나님의 원수이었을 때 "행동으로 보인 사랑"을 먼저 행하셨음을 일깨우십니다. 하나님이 하신 것처럼, 우리가 우리의 원수를 사랑해야 한다고 말씀 하십니다.

냐? "우리가 아직 연약할 때 그리스도께서는 작정된 시기에 경건하지 않은 사람을 위해 죽으셨습니다……. 그러나 우리가 아직 죄인이었을 때 그리스도께서 우리를 위해 죽으심으로 하나님께서는 우리에 대한 그분의 사랑을 나타내셨습니다……. 우리가 하나님과 원수 됐을 때 하나님의 아들이 죽으심으로 인해 그 분과 화목하게 됐으니……. 이제 우리는 우리를 하나님과 화목하게 하신 우리 주 예수 그리스도로 인해 하나님 안에서 기뻐합니다."(롬 5:6~11) 하나님은 우리가 하나님의 원수이었을 때 "행동으로 보인 사랑"을 먼저 행하셨음을 일깨우십니다. 하나님이 하신 것처럼, 우리가 우리의 원수를 사랑해야 한다고 말씀 하십니다.

선한 사마리아인의 비유가 말하고자 하는 것은 이것이었으며, 또 다른 한 가지가 더 있습니다. 그것은 모든 사람들에게 선한 일을 하는 것 입니다. 믿음의 가족들에게요? 물론이지요. 고아들과 과부들에게요? 당연하지요. 하지만, 이 세상에서 고통 받으면서 죽어가고 있는-자신들의 죄 때문에 생긴 상처들을 싸매시는 예수님의 치유의 손길을 간절히 바라는- 이웃들을 잊지 않기 원합니다. 이러한 원수들에게 한 사마리아인이 있었다는 것을 기억하십시오. 또한 마찬가지로 우리 죄를 대신 지신 예수님의 죽으심이 있었다는 것을 기억하십시오.

 유치부에 왔어요

➡️ 반가워요

선생님은 아이들이 들어올 때 반갑게 안아주며 맞이합니다.
"예수님을 사랑하는 ○○아, 어서 와! 선생님도 ○○를 사랑해! 예수님께 순종하는 ○○아, 어서 와!"

➡️ 마음 열기

친구 부탁 한 가지 들어주기 – 둘씩 짝을 지어 서로에게 부탁을 말하고 들어주도록 합니다.
(이때 부탁은 모임 장소에서 가능한 것으로 하도록 합니다.)

 예배 드려요

➡️ 찬 양

• 난난난

예수님의 마음 가지고 나보다도 내 친구 섬기겠어요

아마도 예수님은 내모습을 보시고 하하하하 호호호 웃으시겠죠!

- 사랑의 씨앗

  우리모두 사랑하며 살아요- 주님의 말씀 따라서-

  우리모두 주의 사랑 나누면- 그때 우리 작은 마음에-

  주님 주시리- 사랑의 씨앗-

  온 세상 가득하리- 예수님 사랑으로-

▶ 기 도

하나님 아버지! 우리가 말씀을 배우고 순종하기 위해 이 자리에 모였어요. 하나님께 예배 드릴 때 참 기뻐요. 예수님 이름으로 기도합니다. 아멘

▶ 성경 봉독

이것은 성경. (두 손을 모읍니다.)   활짝 펴요. (책을 펴듯이 펼칩니다.)

누가복음 10장 25-37절 말씀.

▶ 들어가기

"친구들아, 안녕 " 특별히 어린이들이 친구임을 강조하며 인사합니다. 옆에 앉아 있는 어린이와 손을 잡고 '너하고 나는 친구 되어서 사이좋게 지내자' 라는 노래와 율동을 통해 서로 관심을 갖게 합니다. 우리의 이웃(친구)은 어떤 사람인지 오늘 성경이야기를 통해 듣겠다고 합니다.

▶ 성경 이야기

오늘 선생님은 우리 친구들에게 진짜 이웃이 누구인지 소개해 주고 싶어요.

(이 글은 강도 만난 사람이 자신이 겪은 일을 회상하는 시점으로 쓰여졌습니다. 경우에 따라 설교자(해설)외에 다른 사람이 연기를 하는 것도 좋습니다.)

어린이 친구 여러분 만나서 반가워요.

오늘 나는 내가 겪었던 놀라운 이야기에 대해 말해주고 싶어요.

나는 여행을 떠났어요. 짐을 싸서 들고 걸었지요. 내가 살던 곳이 멀어지고 사람들이 잘 다니지 않는 돌과 바위가 많은 길을 걷고 있을 때였어요. 갑자기 강도들이 바위 뒤에서 뛰어 나왔어요. 나는 무섭고 놀랐어요. 강도들이 나를 때리고 내 짐을 빼앗았어요.

나는 길에 쓰러졌어요. 몸이 아파서 움직일 수가 없었어요. 한참 동안 그러고 누워 있었는데 누군가 지나갔어요. 제사장님이었어요. 나는 마음이 놓였어요. '저분은 나를 꼭 도와 주실꺼야.'

"살려주세요. 도와 주세요."

나는 힘을 내어 말했어요. 그런데 놀랍게도 그는 그냥 지나가 버렸어요. 나는 너무 슬펐어요. 나는 어떻게 될까요? 그리고 또 한참을 지나서 누군가 또 지나가는 소리가 들렸어요. 나는 눈을 뜨고 쳐다보았어요. 레위인 선생님이었어요. '그래. 저분은 나를 도와주실꺼야.'

"살려주세요. 도와주세요."

나는 마지막 힘을 다해 말했어요. 그런데 그만 그 선생님도 그냥 지나가 버렸어요.

나는 정말 슬펐어요. 이제 아무도 도와주지 않을 거야. 나는 그냥 쓰러져 있었어요. 달가닥 달가닥 나귀 소리가 들렸어요. 눈을 반쯤 뜨고 쳐다보니 사마리아인이었어요. '저 사람은 날 도와줄 리가 없어.' 우리 유대인들은 사마리아인들을 싫어해요. 우리는 한번도 그들에게 친절하게 대해 준 적이 없어요. 나는 아예 눈을 감아버렸어요. '나는 이제 희망이 없어'

그때 놀라운 일이 벌어졌어요. 그는 나에게 다가와서 내 아픈 곳에 약을 발라주고 싸매어주었어요. 그러더니 자신의 나귀에 태우고 나를 마을 여관으로 데리고 갔어요.

"여기 돈이 있어요. 이 사람을 잘 보살펴 주세요. 돈이 더 필요하면 내가 돌아오는 길에 더 드릴께요."

나는 정말 고마웠어요.

내가 무엇에 놀랐는지 알겠어요?

처음에는 강도들이 무서워서 놀랐고

두 번째는 내 이웃이라고 생각했던 꼭 도와줄 줄 알았던 사람들이 도와주지 않아서 놀랐고

세 번째는 나를 절대 도와주지 않을 것 같은 사마리아인이 나를 도와줘서 놀랐어요.

그 사마리아인은 나의 진정한 좋은 이웃이었어요.

나는 우리 친구들이 사마리아인 같은 좋은 이웃이 되기를 바래요.

 우리 반에 모여요

▶ 출석 확인

아이들이 자신의 출석표에 표시하도록 시간을 주십시오. (스티커를 나눠주는 것도 좋은 방법입니다.)

▶ 이야기 나누기

하나님의 말씀을 다시 한 번 생각하며 이해하도록 돕는 질문들입니다. 이 질문들을 어린이들과 나누면서 어린이들 스스로 말씀을 생각하고 느끼게 합니다.

• 누가 강도 만난 사람에게 이웃이 되었나요?

• 사마리아인은 다친 여행객을 어떻게 도와주었나요?

• 강도 만난 사람을 도와주는 것이 사마리아인에게 어려운 일이었을까요?

• 사람들이 도와주지 않고 그냥 지나갔을 때 강도 만난 사람은 어떤 마음이 들었을까요?

• 사마리아인이 자신을 도와주었을 때는 어떤 마음이 느껴졌을까요?

• 예수님은 우리가 누구에게 친절을 베풀기를 원하실까요?

유치부 어린이들은 이런 질문들에 대해서 답변을 못할 수도 있습니다. 유대인과 사마리아인의 관계에 대해 설명해도 좋겠지요. 하지만, 그렇게 하지 않아도 좋습니다. 여기서의 요점은 사마리아인은 친구를 도와 준 것이 아니라 자기가 싫어하는, 그리고 또한 자기를 무척 싫어하는 유대 사람을 도와주었다는 점이니까 말입니다.

▶ **소그룹 활동**

1. 우리는 사이좋은 친구(얼굴 그리기)

■ 활동목표 : 예수님의 사랑으로 친구들을 사랑합니다.

■ 준비물 : 교회학교용 교재 28, 29쪽, 색연필

■ 활동방법 : 1) 교회학교용 교재 28쪽의 그림에 자기와 친구의 얼굴을 그리고 오립니다.

2) 그림을 보며 자기와 친구를 소개합니다.

"○○이와 나는 사이좋은 친구예요."

3) 친구의 그림에 '예수님 하트' 스티커를 붙이며 예수님의 사랑으로 서로 친구가 된 것을 축복합니다.

4) 예수님의 사랑으로 어떻게 행동해야 하는지 이야기 나눕니다.

5) 예수님의 사랑으로 친구와 어떻게 사이좋게 지낼 수 있는지 이야기해 봅니다.

 예수님, 사랑해요! 친구야, 사랑해!

2. 사랑의 공 굴리기

■ 활동목표 : 서로에게 사이좋은 이웃이라는 것을 이해합니다.

■ 준 비 물 : 공

■ 활동방법 : 1) 둥글게 서로 마주 보고 앉거나 섭니다.

2) 한 명이 공을 갖고 다른 친구의 이름을 부르며 "○○아 넌 나의 이웃이야."라고 말한 뒤, 공을 굴려 보냅니다.

3) 공을 잡은 친구는 다른 친구의 이름을 부르며 "○○아 넌 나의 이웃이야."라고 말한 뒤, 공을 굴려 보내는 것을 반복합니다.

4) 규칙을 바꿀 수도 있습니다. 공을 잡은 사람은 가족이나 옆집, 유치원 또는 교회 사람의 이름을 부른 후, "넌 나의 이웃이야." 라고 말한 후, 공을 굴립니다.

5) 모든 사람이 우리가 사랑해야만 하고 친절하게 행동해야 할 우리의 이웃이라는 것을 예수님은 우리에게 가르쳐주셨다고 이야기하며 게임을 마무리 합니다.

➡ 간식

아이들의 영양과 건강을 고려하여 간식을 준비합니다.

 다함께 모여요

1. 사이좋은 이웃이 되어요

■ 활동목표 : 다른 사람들을 좀더 사랑하길 원해요.

■ 준 비 물 : 소그룹 시간에 만든 '사이좋은 친구' 그림

■ 활동방법 : 1) 전체가 큰 원으로 둘러 앉아 각자 만든 '사이좋은 친구' 그림을 들어보게 합니다.

　　　　　 2) 한명 씩 차례로 덧붙여 갈 수도 있고 중간 중간에 친구들이 그림을 들어 보거나 반별로 들어 보이게 할 수 있습니다.

　　　　　 3) 그림의 손과 손이 연결 되도록 원을 좁혀 가며 서로간의 친근한 느낌을 느껴 봅니다.

　　　　　 4) 예배실 형편이 된다면 띠벽지처럼 벽면에 줄을 맞춰 붙여 봅니다.

　　　　　 5) 친구들 모두 주님의 사랑으로 가득 채워져 서로 사랑하는 좋은 이웃이 되게 해 달라고 기도하며 마무리합니다.

2. 마음에 새겨요

회상하기 질문을 통해 아이들은 오늘 배운 성경 말씀을 삶 속에서 적용할 수 있도록 도움 받을 수 있답니다.

• 강도를 만난 유대인은 누가 자기를 도와줄 것이라고 믿었을까요?

• 진짜 도와준 사람은 누구였나요?

• 내가 도와줄 수 있는 사람은 누구인가요?

기도) 언제나 선하신 방법으로 나를 이끌어 주시는 하나님, 감사합니다. 늘 하나님께 속하여 살 수 있도록 도와주세요. 예수님의 이름으로 기도합니다. 아멘.

➡ 광고

가정용 교재로 오늘 배운 성경 이야기를 집에서 복습하도록 광고해 주십시오.

4. 마침 인사

마치는 노래를 부르며 집으로 돌아갑니다.